AF854104

LA BOÎTE À OUTILS IDÉALE

ÉLOUEN LANOË

Depuis sa création, en 2006, le magazine *Compétence Photo* vous propose des dossiers pratiques sur l'édition et la retouche de vos images en exploitant une palette logicielle la plus large et la plus diversifiée possibles. Si les produits Adobe sont bien représentés dans nos pages, cela répond à la forte demande des lecteurs. Cela dit, nous publions également de nombreux dossiers pratiques sur les solutions alternatives à Lightroom et Photoshop. Ainsi, ces dernières années, nous vous avons proposé de copieux guides sur DxO PhotoLab et Optics Pro, la Nik Collection, Affinity Photo, Darktable, Luminar, Gimp, Raw Therapee ou encore Capture One Pro.

Mais vous, qu'en pensez-vous ? En mai dernier, nous vous avons interrogés grâce à un sondage publié sur le site du magazine. En quelques semaines, vous avez été près de sept cents à y répondre et nous vous en remercions. À la question concernant la qualité des dossiers logiciels de *Compétence Photo*, 75 % des participants ont déclaré être *« satisfait »* ou *« tout à fait satisfait »*, 9 % *« peu satisfait »* et 2 % *« pas du tout satisfait »* – 15 % des personnes ayant rempli le questionnaire ont indiqué ne pas être lecteurs du magazine. Si près de 50 % des sondés ont déclaré que la part consacrée aux solutions alternatives aux logiciels Adobe était *« satisfaisante »* ou *« tout à fait adaptée »*, 30 % considèrent que cette part reste encore *« insuffisante »*. Et nous l'entendons ! Sachant que 36 % d'entre vous utilisent régulièrement *« trois logiciels ou plus »* et que vous êtes aujourd'hui près de 53 % à recourir à un logiciel Adobe, comprenez que nos choix éditoriaux ressemblent le plus souvent à la quadrature du cercle. D'autant qu'en vous questionnant sur le nom du ou des logiciels que vous exploitez quotidiennement, pas moins de quarante noms ont été cités...

En conclusion, nous allons redoubler d'efforts pour répondre toujours mieux à vos besoins en privilégiant la diversité des outils utilisés. Dans ce numéro, vous découvrirez notamment deux grands dossiers, l'un consacré à la correction du bruit et à l'amélioration de la netteté de vos images, l'autre à la nouvelle suite logicielle de DxO rassemblant notamment la Nik Collection 2 et PhotoLab 2.

Gérald Vidamment
gerald.vidamment@competencephoto.com

édito

CÉDRIC ROUX

sommaire

Actualités

Prise de vue

Pratique

Matériel

OFFRE SPÉCIALE D'ABONNEMENT

1 AN DE LECTURE - 6 N°
35 € au lieu de **39 €** soit 10 % de remise

2 ANS DE LECTURE - 12 N°
65 € au lieu de **78 €** soit 17 % de remise

offres réservées à la France métropolitaine

FRAIS DE PORT OFFERTS
Offre réservée à la France métropolitaine et à la Belgique

NOUVELLE BOUTIQUE EN LIGNE
www.competencephoto.com/boutique/

LE FORMAT RAW
2ᴱ édition • 148 pages

LIGHTROOM
Bien débuter • 148 pages

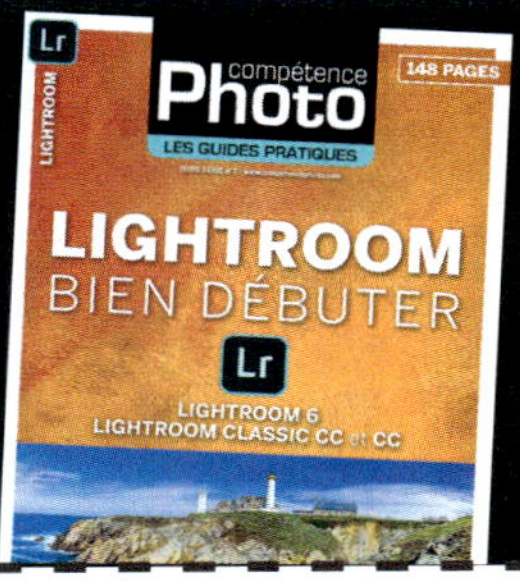

PHOTOSHOP
Retouche A à Z • 148 pages

VOTRE STUDIO PHOTO
132 pages

ABONNEMENT

- ☐ Je désire m'abonner à *Compétence Photo* pour **1 an**, soit **6 numéros** pour le prix de **35 €** au lieu de **39 €** (10 % de remise)
- ☐ Je désire m'abonner à *Compétence Photo* pour **2 ans**, soit **12 numéros** pour le prix de **65 €** au lieu de **78 €** (17 % de remise)

NOUVEAU !

- ☐ Je désire commander le hors-série n° 8 **Photoshop : la retouche de A à Z** au prix de **12,90 €** + 3 € de frais d'envoi, soit **15,90 €**
- ☐ Je désire commander le hors-série n° 7 **Bien débuter avec Lightroom** au prix de **12,90 €** + 3 € de frais d'envoi, soit **15,90 €**
- ☐ Je désire commander le hors-série n° 5 **Créer son premier studio photo**, au prix de **12,90 €** + 3 € de frais d'envoi, soit **15,90 €**
- ☐ Je désire commander le hors-série n° 4 **Le Format Raw** - 2ᵉ éd., au prix de **12,90 €** + 3 € de frais d'envoi, soit **15,90 €**

Tél. : (+33) (0) 160706034 • Fax : (+33) (0) 160706035
www.competencephoto.com/boutique/
offres valables jusqu'au **05/11/2019**

COORDONNÉES

Nom ....
Prénom ....
Adresse ....
Ville .... Code postal |_|_|_|_|_|
Tél. ....
E-mail ....

RÈGLEMENT

☐ Chèque bancaire ou postal à l'ordre de KnowWare

☐ Carte bancaire n° |_|_|_|_| |_|_|_|_| |_|_|_|_| |_|_|_|_|

Date d'expiration |_|_| |_|_|

Code à trois chiffres (au dos de la carte) |_|_|_|

signature obligatoire

À photocopier ou à découper

Renvoyez-nous ce bon avec le règlement à :
KNOWWARE 70 rue Georges Villette 77250 Écuelles

SUISSE
rendez-vous en ligne !
www.competencephoto.com/boutique/

BELGIQUE
35 € pour 6 n° ou 69 € pour 12 n°
Contactez **Tondeur Diffusion**
Tél. : 02 555 02 17 • abonnement@tondeur.be
Fortis : 210-0402415-14

RESTE DU MONDE
(Dom-Tom, Europe, Asie, Afrique, Amérique, Océanie)
www.competencephoto.com/boutique/

Le droit d'auteur sous l'œil européen (2/2)

PAR Me JOËLLE VERBRUGGE

Finalement votée à l'issue d'un processus législatif particulièrement long, la *Directive européenne sur le droit d'auteur dans le marché unique numérique* est à présent une réalité. Analyse et décryptage dans ce second volet consacré au droit européen.

Dans *Compétence Photo n°67*, nous avions entamé l'examen du droit d'auteur sous le prisme du droit européen, persuadés à ce moment que la suite –proposée aujourd'hui – arriverait rapidement puisque les débats au sein du Parlement européen battaient leur plein. C'était toutefois sans compter sur un parcours législatif particulièrement long (deux ans et demi au total) et houleux pour cette directive européenne destinée à adapter le droit d'auteur à l'évolution technologique. Les influences des lobbyistes sont à l'origine de ces incroyables délais. Proposée à l'origine en septembre 2016, la directive est à présent votée (*Directive n°2019/790 du 17 avril 2019 sur le droit d'auteur et les droits voisins dans le marché unique européen*) ; si elle laisse aux états membres un délai de deux ans pour mettre leur législation interne en conformité, un premier tour d'horizon est d'ores et déjà possible sur la base du texte européen. Les photographes – comme tous les auteurs d'œuvres de l'esprit – sont en effet partagés entre l'espoir d'une réelle protection accrue face aux "dangers" du numérique et la difficulté de compréhension de dispositions à la rédaction parfois obscure.

Gardez également à l'esprit que, destinée à l'origine à compléter uniquement la Directive de 2001 sur le droit d'auteur (2001/29/CE du 22/05/2011, laquelle reste en vigueur), la Commission européenne entraîna dans le sillage de cette réforme celle d'un texte encore plus ancien concernant le commerce électronique (Directive 2000/31/CE du 08/06/2000). Or, comment concilier ces deux domaines bien souvent en conflit ? S'adapter aux enjeux du commerce numérique sans piétiner les droits des auteurs restait un défi de taille, d'autant que les premières versions du texte de la directive allaient surtout dans le sens d'un rétrécissement des prérogatives des auteurs, notamment par la création de nouvelles exceptions aux droits protégeant leurs créations.

La Commission européenne devait en réalité se munir d'un texte destiné à répondre aux innombrables questions posées au quotidien. Faut-il, par exemple, prévoir une rémunération lorsqu'une photographie est reproduite en miniature sur Google ? Comment protéger les droits d'auteur sur Youtube, notamment en cas d'utilisation non autorisée de musiques ou de clips vidéo ? Ce ne sont pas les interrogations qui manquent ; d'autant qu'il convenait aussi de (tenter de) réduire ce qu'on nomme le *value gap*, c'est-à-dire le déséquilibre entre les revenus publicitaires faramineux engrangés par les plateformes telles que Youtube et la valorisation des droits des auteurs.

LES PROBLÉMATIQUES VISÉES ET LES BUTS RECHERCHÉS

La directive – texte complet accessible via le lien *https://eur-lex.europa.eu/legal-content/FR/TXT/HTML/?uri=CELEX:32019L0790&from=EN* – compte quatre-vingt-six considérants dans sa partie préliminaire (cf. l'article publié dans *Compétence Photo n°67*) et trente-deux articles ; elle légifère sur trois grandes problématiques :

• L'utilisation des contenus protégés par le droit d'auteur (au premier rang desquels la musique) sur les plateformes telles que Youtube. L'objectif était d'accroître la responsabilité des plateformes.

• Pour lutter contre la propagation des articles de presse sur internet, il a été proposé de créer un "droit voisin" pour les éditeurs de presse, de façon à permettre la rémunération des éditeurs – et en aval, peut-on l'espérer, des auteurs – en cas d'utilisation des articles dans des agrégateurs d'informations tels que Google Actualités ou sur les réseaux sociaux.

• Citons enfin – mais sans le détailler dans la suite de l'article – l'ajout d'une

ÉRICS PHOTOGRAPHY

nouvelle exception au droit d'auteur, concernant le *text and data mining*, c'est-à-dire la fouille automatisée de contenus scientifiques à des fins de recherche. Afin de permettre aux chercheurs de toutes disciplines de progresser, une exception a été créée aux droits des auteurs de ces contenus.

D'autres mesures plus ponctuelles sont également prises – parmi lesquelles une exception pédagogique pour l'utilisation de contenus dans l'enseignement –, mais il me faut ici synthétiser. Notons qu'une autre mesure qui avait été proposée relativement à l'utilisation des images sur les moteurs de recherche n'a pas abouti. Enfin, au détour d'un article, la directive se hasarde à donner une "définition" du critère d'originalité, sur laquelle nous reviendrons brièvement. À présent, reprenons ci-dessous les deux premiers volets principaux de la directive.

LA RESPONSABILITÉ DES HÉBERGEURS DE CONTENUS

S'il y a bien article qui a cristallisé les passions sur internet, c'est l'article 13 de la proposition initiale de directive, renuméroté pour devenir l'article 17. La principale source d'anxiété des internautes était la possibilité – évoquée au départ – de prévoir un filtrage automatisé des contenus, sans distinction de leur finalité, c'est-à-dire en incluant également les plateformes telles que Wikipédia/Wikimédia.

Au final, aucun filtrage n'est imposé en amont (Art. 17.8.), mais le régime de responsabilité des hébergeurs de contenus est renforcé. Les négociations entre les auteurs et les géants du web devraient passer par la création de licences collectives accordées par des regroupements d'ayants droits.

La directive définit le *« fournisseur de services de partage de contenus en ligne »* comme le *« fournisseur d'un service de la société de l'information dont l'objectif principal ou l'un des objectifs principaux est de stocker et de donner au public l'accès à une quantité importante d'œuvres protégées par le droit d'auteur ou d'autres objets protégés qui ont été téléversés par ses utilisateurs, qu'il organise et promeut à des fins lucratives. »* (Directive, Art. 2.5.)

Pour rappel, depuis 2000, le régime de responsabilité était le suivant : n'étaient responsables que les plateformes qui, informées du contenu illicite, ne l'avaient pas retiré *« promptement »* (Directive sur le commerce électronique et transposition dans la Loi sur la Confiance dans l'économie numérique, Art. 6.I.3).

La directive vise à reconnaître un rôle actif à ces plateformes de contenus, ce qui les rend donc responsables en cas de publication de contenus protégés par le droit d'auteur puisqu'ils effectuent un *« acte de communication au public »*.

Ils devront donc à l'avenir :

• Conclure des contrats de licence avec les titulaires des droits d'auteur ou leurs représentants (les *ayants-droit*)

• Si aucun accord n'est trouvé, les plateformes devront alors coopérer avec les articles qui invoquent une violation de leurs droits.

Des exceptions sont toutefois prévues :

• soit de façon permanente pour des sites qui échappent à la définition du fournisseur de contenu évoquée ci-dessus

• soit de façon provisoire pour de nouveaux services, récemment créés, et qui ne dépassent pas certains seuils en termes de chiffre d'affaire ou de trafic. Afin d'illustrer le propos, je vous propose l'infographie ci-contre.

LE DROIT VOISIN DES ÉDITEURS DE PRESSE

Je reviens rapidement sur la seconde catégorie de mesures adoptées, puisqu'elles peuvent avoir un effet indirect pour les auteurs.
La proposition de directive initiale comportait un article 11 – qui fut ensuite renommé pour devenir l'article 15 – créant un droit voisin pour les éditeurs de presse. Pour rappel, un *droit voisin* est un droit conférant certaines prérogatives qui fonctionnent comme le droit d'auteur, mais bénéficient à d'autres intervenants. L'exemple le plus célèbre est le droit voisin des artistes-interprètes sur l'image de leur interprétation.
Dans le cas de la directive, il s'agit donc de permettre une rémunération pour les éditeurs de presse lorsque certains de leurs contenus sont repris de façon automatique par des plateformes qui agrègent. On vise essentiellement ce qu'on appelle les *snippets*, c'est-à-dire quelques phrases d'un article partagés en masse sur les réseaux sociaux.
Il s'agit donc de permettre aux éditeurs de presse de négocier avec les plateformes les conditions d'utilisation de leurs contenus.

En revanche, il est prévu qu'aucune négociation ne sera nécessaire :
• lorsque le contenu est utilisé par des particuliers, à titre individuel et non commercial (Art. 15.1, 2e alinéa).
• lorsqu'il ne s'agit que de renvois via des hyperliens (Art. 15.1, 3e alinéa).
• si l'utilisation se limite à des mots isolés ou de *« quelques mots »* d'une publication de presse (Art. 15.1. 4e alinéa), notion à ce stade encore un peu floue sachant qu'il s'agit précisément de combattre la reprise des extraits de quelques lignes.

Enfin, ce droit voisin conféré aux éditeurs ne sera applicable que pour les articles publiés pour la première fois il y a moins de deux ans – le texte initial qui prévoyait une durée de vingt ans a d'abord été réduit à cinq ans, pour s'arrêter finalement sur une durée plus courte encore (Art. 15.4).

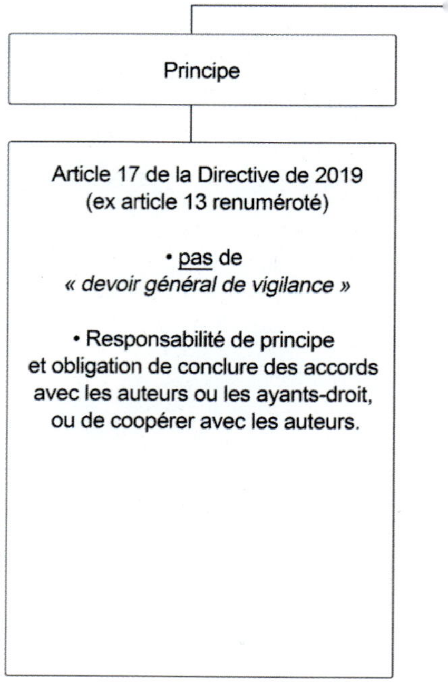

Le délai se compte toutefois à partir du 1er janvier qui suit celui de l'année pendant laquelle le contenu a été publié.
Il semble que, dans son travail de transposition en droit interne, le législateur français ait l'intention d'attaquer par ce volet la transposition de la directive dans notre arsenal législatif, puisque les travaux ont débuté.
Ainsi, on peut espérer que, si les éditeurs de presse sont effectivement rémunérés en cas de réutilisation de leurs contenus sur les plateformes et agrégateurs de news, cette rémunération profite ensuite indirectement aux auteurs (journalistes et photojournalistes), ce qui est l'un des buts poursuivis par la directive qui se contente toutefois de préciser que les auteurs devront percevoir une *« part appropriée »* du produit de ces négociations. Il reste donc à fixer les modalités de calcul de cette *« part appropriée »*.

2e ÉDITION

POUR ALLER PLUS LOIN

DROIT À L'IMAGE ET DROIT DE FAIRE DES IMAGES (2e ÉDITION)

Fort du succès de la première édition, cet ouvrage est de nouveau disponible dans une version augmentée (640 pages) et entièrement mise à jour. Vous y découvrirez notamment de nouvelles jurisprudences, de nouvelles problématiques détaillées, les évolutions légales, des modèles d'autorisation à télécharger et des schémas actualisés. Destiné aux photographes et vidéastes, l'ouvrage conviendra également à l'ensemble des créateurs ou utilisateurs d'images, les règles juridiques étant identiques quels que soient le contexte de la diffusion des images et la technique artistique utilisée.

Joëlle Verbrugge • 640 pages • 33€

Disponible à la vente sur *www.competencephoto.com* ou via le bon de commande p.114

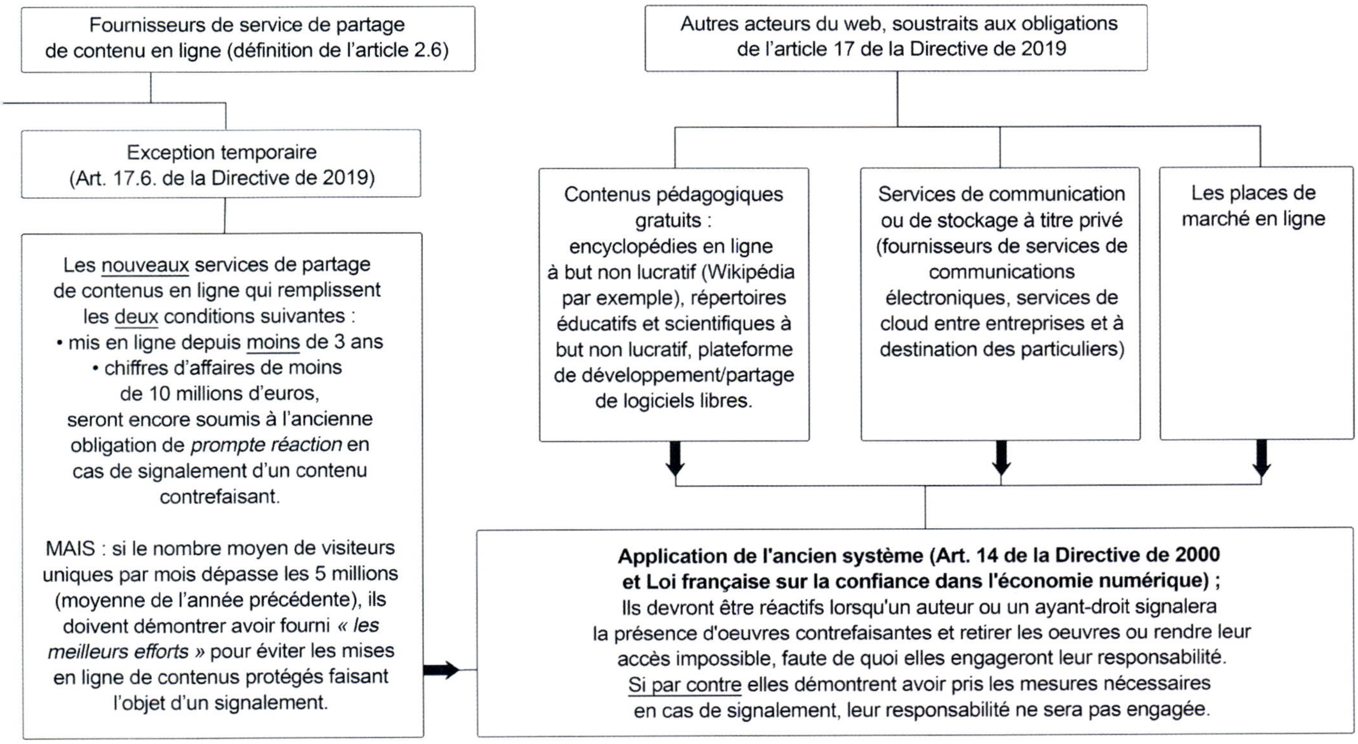

Partage de contenus en ligne et protection du droit d'auteur dans la Directive de 2019

L'ORIGINALITÉ ENFIN DÉFINIE ?

Enfin, notons qu'au détour d'un article qui rappelle ce qu'est une œuvre tombée *« dans le domaine public »*, la directive se hasarde à proposer un embryon de définition de l'originalité : *« Les États membres prévoient que, lorsque la durée de protection d'une œuvre d'art visuel est arrivée à expiration, tout matériel issu d'un acte de reproduction de cette œuvre ne peut être soumis au droit d'auteur ni aux droits voisins, à moins que le matériel issu de cet acte de reproduction ne soit original, en ce sens qu'il est la création intellectuelle propre à son auteur. »* (Article 14 de la Directive 2019/790)

Le moins que l'on puisse dire est que cette "définition" ne risque pas de faire avancer la situation sur le plan pratique, puisqu'il ne s'agit que du résumé en quelques mots (*« création intellectuelle propre à son auteur »*) d'exposés jurisprudentiels bien plus détaillés, eux-mêmes déjà sujets à de vives critiques du fait de leur subjectivité.

CONCLUSION (PROVISOIRE) : À QUOI FAUT-IL S'ATTENDRE EN PRATIQUE ?

Comme je l'indiquais au début de l'article, cette directive européenne doit encore faire l'objet d'une transposition en droit français. Certaines notions doivent encore être précisées, parmi lesquelles l'importance de la rémunération des auteurs, qui était désignée comme objectif fondamental de cette directive, mais pour laquelle les notions utilisées restent floues et dépendantes de l'application qu'en feront les États membres.

Dans l'immédiat, ce qui précède vous permet déjà de comprendre la finalité des règles votées, la grande inconnue restant la mise en œuvre pratique.

Je serais sans doute un peu optimiste en affirmant que tout contenu (notamment photographique ou vidéo) utilisé sans l'accord de l'auteur donnera lieu à une meilleure indemnisation. Il sera probablement plus vite supprimé, mais je crains que sur le fond, la recherche d'une indemnisation reste la problématique essentielle en cas de contrefaçon. Seul l'avenir nous dira si la directive atteint son but au point de devenir la *« révolution »* dont parlent certains juristes, ou s'il faudra au contraire encore prévoir certaines adaptations.

Enfin, il reste aussi à espérer que le Parlement européen se dirige un jour vers un peu plus de lisibilité de ses textes, ce qui pourrait notamment se faire par la fusion entre ces *« considérants »* et les articles eux-mêmes ; mais ceci est un autre débat. ■

Algérie
Photographier la révolte

Les autorités algériennes n'ont pas été très généreuses pour accorder des visas aux journalistes étrangers, et en particulier français. L'Agence France-Presse a même dû rapatrier son correspondant dont le permis de séjour n'a pas été renouvelé. La plupart des images de l'actualité de ces derniers mois ont donc été produites par des photographes algériens, confirmant l'émergence d'une jeune génération de gens d'image. Comment travaillent les photographes qui interviennent sur cet événement ? Quel est leur regard, leur approche ? Comment leurs images sont-elles reçues, sélectionnées et publiées en France ? Récit à travers les témoignages de ceux qui tentent de mettre l'Algérie en images.

PAR **PHILIPPE ROCHOT**

Quand ils ont vu la foule autour de la grande Poste avec ses drapeaux, ses slogans et ses banderoles, ils n'en ont pas cru leurs yeux. C'était le 22 février. Les gens osaient demander le départ du président Bouteflika. Les photographes ont d'abord hésité, prenant des vues générales, puis ils ont osé aller au cœur de la manifestation. Il n'est jamais facile de faire des photos en Algérie. La méfiance des populations et les contrôles réguliers des autorités constituent un frein au reportage.

Fethi Sahraoui appartient à la jeune génération montante des photographes algériens. À vingt-six ans il a largement fait ses preuves, avec notamment sa série dans les camps sahraouis, *Mercédès Island*, qui lui a valu un prix de l'art contemporain à l'Institut du monde arabe. Il affirme que sa vocation vient de sa passion pour le photoreporter Robert Capa. Lorsque naît la révolte algérienne, il est déjà sur un projet baptisé *Stadiumphila*. Objectif : suivre les jeunes fréquentant les stades, notamment les mineurs qui normalement sont interdits d'entrée. Il connait donc bien cette jeunesse sans projet, sans espoir, livrée à elle-même. Il veut expliquer à travers elle les problèmes de la société. Mais suivre les mouvements de la rue est une autre histoire.

« Au début, j'étais un peu hésitant ; je ne savais pas comment réagir mais j'ai vite compris que la meilleure réponse à ces événements était photographique. Sans faire attention, j'ai continué dans la rue le travail que j'avais commencé dans les stades, avec toute cette ambiance dans un pays où 70 % des gens ont moins de trente ans ; et j'ai suivi ceux qui orchestraient ce mouvement. »

UN REGARD BIEN DIFFÉRENT

Mais comment couvrir cette révolte ? Faut-il se présenter ou non comme journaliste ? **Fethi Sahraoui** estime avoir montré deux ou trois fois sa carte de presse, mais pas plus. Il préfère apparaître comme *« un citoyen manifestant avec son appareil photo »*. Au début, il utilisait un reflex numérique plein format, mais il s'est ensuite rabattu sur l'iPhone, plus discret. Son attitude trahissait pourtant sa véritable identité : *« Quand tu as une posture de photographe, on sent que tu n'es pas seulement un journaliste citoyen. »* Et le résultat est surprenant. Le format carré et le noir et blanc qu'il exploite dans ses tirages renforcent la portée de l'événement.

Fethi Sahraoui appartient à un collectif de six photographes, baptisé *Collectif 220*. 220 est le numéro de la chambre d'hôtel où ce petit groupe de cinq passionnés de l'image a décidé en 2015 d'unir ses forces pour la couverture de l'Algérie. Leur démarche est plutôt documentaire, sociologique, voire esthétique et leur personnalité transparaît dans leurs images : *« On a essayé d'imposer notre regard. Nous n'avons pas de scène photo journalistique en Algérie et ces manifestations ont été*

Les manifestations touchent l'Algérie entière et pas seulement Alger. Mouvement de protestation à Mascara dans l'ouest du pays. Une photographie en noir et blanc au format carré que pratique très souvent **Fethi Sahraoui**, du *Collectif 220*.

une bonne occasion de collaborer avec les médias occidentaux. »

Le regard que portent les photographes algériens sur leur pays n'est pas forcément le même que chez nous. En France, par exemple, les médias retiennent le caractère plutôt pacifique de ces manifestations et mettent l'accent sur la présence des femmes. *« On me demande souvent où sont les femmes, car les femmes ont été assez nombreuses un peu partout ; mais mon but n'était pas de travailler sur la présence de la femme dans la rue. D'autres photographes ont exploité cet angle. Quand on regarde les médias occidentaux, on a l'impression que les évènements se résument à Alger, ce qui n'est pas le cas. J'ai donc essayé d'être un peu partout, de couvrir les quatre coins du pays... J'ai également photographié une ou deux manifestations dans ma ville, Mascara, pas loin d'Oran, et même Tamanrasset dans le sud où ça bougeait énormément. »*

L'ACCEPTATION DE L'APPAREIL PHOTO

Houari Bouchenak, un autre membre du *Collectif 220*, réside à Tlemcen où il est responsable d'un atelier photo et enseigne la photographie à l'université. Il couvre les manifestations dans sa ville, ce qui apporte une autre vision du soulèvement populaire. *« Il n'y a désormais plus vraiment de barrière entre le peuple et le photographe alors qu'avant on avait énormément de difficultés. La photo n'était*

La présence active des femmes est souvent retenue dans les médias occidentaux. Le noir et blanc apparaît souvent dans les images du *Collectif 220*, renforçant le caractère poignant de ces manifestations. Une photographie de **Houari Bouchenak**, du *Collectif 220.*

pas vraiment acceptée. Quand on sortait l'appareil dans la rue, on s'attendait à des réactions ou voir quelqu'un débarquer pour poser des questions et ensuite se faire embarquer par les autorités ; c'était pratiquement la routine. Mais cette situation m'a quelque part aidé à photographier très rapidement et à ne pas rester sur place trop longtemps… Quand je couvre ces manifestations, je me présente comme citoyen, avec un appareil photo classique. Chacun de nous a une carte de journaliste. Lors de la toute première manifestation j'ai été interpellé ; heureusement, j'avais un ordre de mission d'une agence de communication. »

Dans tous les cas de figure, les photographes algériens aiment montrer que ces événements ne sont pas nés spontanément et s'attachent à en traiter l'aspect social : *« Je préfère montrer ce qu'on a pu faire avant les manifestations afin qu'on puisse dire que la photographie algérienne existait déjà et qu'il valait mieux découvrir ce qu'il se passait avant plutôt que de le découvrir aujourd'hui. »*
Houari Bouchenak travaille lui aussi énormément en noir et blanc : *« J'ai plus de facilité, surtout pour les visages pour lesquels il est plus aisé de faire ressortir l'émotion. »*

LA MÉFIANCE VIS-À-VIS DU PHOTOGRAPHE ÉTRANGER

Derrière la signature d'un autre photographe, **Youssef Alfarabi**, on trouve en réalité un photoreporter français ayant pu couvrir le début des manifestations alors qu'il travaillait lui aussi sur la jeunesse algérienne. Il a été interpellé.

« Cela faisait un an et demi que je me baladais en Algérie. J'ai dû expliquer pourquoi j'étais en relation avec les jeunes des quartiers populaires, de la Casbah notamment. Il faut savoir aller à la rencontre des gens, ce qui m'a pris pas mal de temps car j'ai fait plusieurs allers-retours sur plusieurs mois. Au début, j'essayais de suivre les jeunes dans le cadre des matchs de football. J'étais avec ceux qu'on appelle les "Ultras". J'essayais d'éviter la police ; je portais des lunettes et une casquette. Pour entrer dans le stade, il fallait passer trois cordons de police. À chaque fois je devais montrer mon passeport. Par sécurité, un ami avait pris mon appareil mais la police m'a posé des questions : "Qu'est-ce que tu fais là ? Pourquoi un Français ici ?" Mon ami s'est fait arrêter avec mon appareil photo ; dans son sac ils ont également trouvé mes papiers. »
En réalité, la police est infiltrée partout. Elle envoie dans les manifestations de

Alger, 1er mars 2019. Répondant à l'appel lancé sur les réseaux sociaux, des centaines de milliers d'Algériens se sont rassemblés après la prière du vendredi afin de dire non au 5e mandat du président Bouteflika. Une photographie de **Youssef Alfarabi**, de l'agence *Hans Lucas*.

jeunes indicateurs se donnant des allures de manifestants. Rien n'est jamais gagné quand on veut faire des images, surtout si l'on est étranger – et Français de surcroît. *« Ils sont très physionomistes. Ils voient tout de suite qu'on n'est pas Algérien. Il y a un côté sauvage vis-à-vis de l'image, une vieille culture de la méfiance. L'image a été utilisée par l'armée française pour faire tomber des têtes... Tout le monde a été fiché, même les jeunes, les très jeunes, les étudiants, les lycéens. Heureusement, j'étais bien accompagné. Les jeunes m'avaient dit : on te protège ! Je me présentais dans la manifestation en essayant d'avoir des points d'ancrage, de suivre des petits groupes pour faire en sorte qu'on s'habitue à moi. Ensuite, il y a eu plus de presse, de photographes ; les images ont commencé à circuler sur les réseaux sociaux. Mais il y a toujours eu une scission entre le photographe étranger comme moi avec un appareil professionnel – même s'il est discret – et les gens qui faisaient des photos. »*

Un photographe doit donc nouer des liens pour travailler en Algérie, créer des complicités parmi les bandes de jeunes, explique Youssef. *« Dans les stades, on les surnomme les Ultras ; eux-mêmes s'appellent les Indiens ; ils ont toujours été tenus à l'écart comme assez dangereux, mais à l'occasion de ces manifestations leur hymne a été repris ; il est même devenu l'hymne de la révolution. »*

Fallait-il et pouvait-on photographier la violence ? *« Ce sont des images qu'on n'a pas trop vues, surtout les scènes de fin de manifestations qui ont eu tendance à disparaître. Les gens disaient qu'il ne fallait pas provoquer la police... La presse en France a eu tendance à ne pas trop vouloir montrer cet aspect. En général, elle préférait montrer cette joie et cette jeunesse. J'ai travaillé sur la jeunesse en France, mais en Algérie la religion est plus forte, les traditions aussi ; l'argent est moins présent. C'est une vraie crise sociale que vivent ces jeunes qui logent dans des appartements trop petits et dorment parfois dans le salon avec toute la famille. »*

L'objectif des photographes couvrant la crise algérienne est à présent de dépasser le stade des manifestations afin de mettre en images la crise sociale qui secoue le pays. Fethi Sahraoui donne le ton : *« Aujourd'hui, ces événements deviennent un peu répétitifs ; on ne peut pas travailler que sur des manifestations. Je cherche par conséquent à documenter la vie des gens qui animent ce mouvement. »* ■

www.collective220.net

L'actrice Marlene Dietrich dans les studios de Columbia Records, par **Eve Arnold**. *New York, 1952*

EVE ARNOLD / MAGNUM PHOTOS

Être, devenir mais ne plus paraître

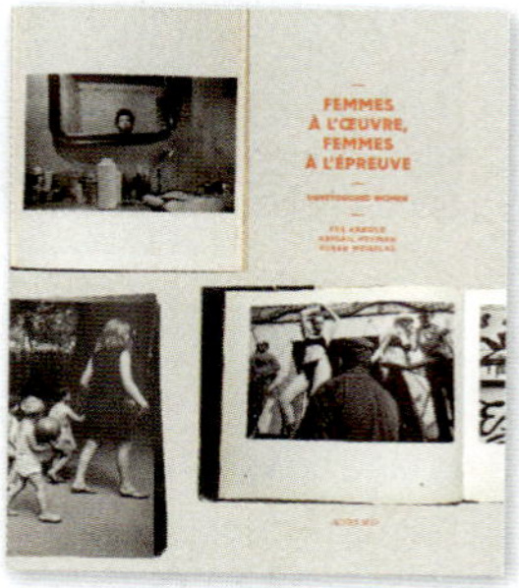

Prolongeant l'exposition *Unretouched Women* présentée cette année aux Rencontres d'Arles, ce catalogue réunit trois photographes de l'agence Magnum autour de leurs ouvrages respectifs publiés dans les années 70, alors que le mouvement féministe battait son plein. Chacun à sa manière, ces trois livres portent un regard singulier sur la femme, sa place dans la société, son rôle de représentation, son corps. Alors que Eve Arnold choisit de saisir des instants fugaces de la vie quotidienne d'inconnues comme de célébrités (*The Unretouched Woman*, 1976), Abigail Heyman privilégia la forme du journal intime à vocation politique (*Growing Up Female*, 1974) questionnant sa propre vie tout en interpelant le lecteur sur les stéréotypes de l'époque. Quant à Susan Meiselas, elle suivit durant quatre ans des strip-teaseuses de spectacles forains, leur donnant de surcroît la parole (*Carnival Strippers*, 1976). Afin de confronter ces trois approches complémentaires, le décryptage de **Clara Bouveresse** s'articule en deux temps : la première partie nous plonge au cœur des projets éditoriaux (*Femmes à l'œuvre*) – nourrie des maquettes et planches-contacts –, tandis que la seconde souligne l'envers du décor du quotidien des femmes photographiées (*Femmes à l'épreuve*). Plus de quarante ans ont passé, mais ces livres (introuvables) méritent plus que jamais d'être rouverts ; et ce précieux ouvrage nous le permet de nouveau. ■

Femmes à l'œuve, femmes à l'épreuve - Eve Arnold, Abigail Heyman, Susan Meiselas • *Clara Bouveresse* • *Actes Sud* • *19 x 21 cm* • *168 pages* • *35 €*

DAN AUCANTE

Le Temps des Grenadines • *Dan Aucante*
Bergger éditions • *22 x 22 cm* • *96 pages* • *40 €*

Le craquement des couteaux

Entendre le craquement des couteaux sous ses pieds bottés ; miser sur le mauvais gastéropode, avant de rejoindre, déconfit, le chemin des marguerites ; et trouver refuge, enfin, dans la tanière du flibustier. Avec le temps – cet adversaire redoutable –, les souvenirs finissent toujours par se jouer de nous. Ceux de **Dan Aucante**, comme les nôtres. Mais ce serait omettre que le photographe est un résistant hors pair qui, grâce à la complicité de ses fils, parvient à faire revivre son enfance d'aventurier. Ces quinze dernières années, fixer la mémoire du passé est devenu son leitmotiv. Une à une, ses images sont ainsi venues prendre place dans les pages du *Temps des Grenadines*. Réveillant lentement notre propre histoire intime, cet album délicat dévoile en fait une conjugaison à trois temps. Une fois le passé recomposé, le présent libère la fraîcheur et l'insouciance de l'instant sous le regard de celui devenu père. Les jeux se réinventent, de nouvelles histoires s'écrivent et, cette fois, sont impressionnées avant que le temps n'intervienne de nouveau. Intitulé *Ils seront*, le troisième volet de l'ouvrage se projette dans un avenir qui semble avoir déjà débuté, inexorablement ; mais en ce lieu, l'appréhension n'a pas sa place, qu'elle laisse volontiers à ce désir, plus fort, de transmettre un brin de vie ; sans doute pour ne jamais oublier le goût unique des arilles rouge vif. ■

APPEL À AUTEURS

compétence Photo

présente

ce qui nous lie

PHILIPPE MOUGIN

EXPOSITION DU 7 AU 11 NOVEMBRE 2019
SALON DE LA PHOTO • PARIS

SOUMETTEZ-NOUS VOS PHOTOS NOIR & BLANC
AVANT LE 1ER OCTOBRE 2019

SALON de la PHOTO

Art-Photo-Lab
la Place des Photographes

www.competencephoto.com/expo2019

Du chevalement au tire-fesses

THIERRY GIRARD

Quand le photographe Thierry Girard *« arpente »* pour la première fois le bassin minier du Nord et du Pas-de-Calais, en 1978, l'ère post-industrielle s'est déjà bien installée, reflet de l'accélération du déclin de l'exploitation charbonnière dans toute l'Europe. Mais des poches de résistance tiennent encore, les ouvriers défendant leurs fosses. Tant bien que mal, la vie quotidienne des habitants suit alors son cours, happant littéralement le photographe. Quarante ans plus tard, celui-ci saisit l'opportunité de revenir sur ce territoire ; le bouleversement étant définitivement acté, le regard du photographe se pose désormais sur les mutations de cet écoumène lâché par l'industrie moderne. Cherchant à appréhender ce qui se joue aujourd'hui devant ses yeux, il capture durant deux ans ce qu'il nommera *Le Monde d'après*. Car malgré la précarité, la vie a continué. Les habitants se sont adaptés. Si le Café des Copains ou celui du Vert Dragon ont conservé leurs façades du temps jadis, le terril de Rieulay, symbole d'un labeur oublié, s'est à l'inverse mué en une base de loisirs. À la brocante du coin, on a troqué le casque contre un maillot de bain ; à Nœux-les-Mines, contre une paire d'après-ski, histoire d'aller dévaler la piste artificielle plébiscitée chaque année par plus de trente mille inconditionnels. Des contrastes saisissants en quelques décennies que **Thierry Girard** ne cherche aucunement à opposer. En croisant ses photographies noir et blanc réalisées dans les années 80 au Leica et ses récentes images couleur prises au moyen format numérique, il souhaite au contraire tisser des liens entre deux époques afin de mieux percevoir ce qui s'est écrit en filigrane au fil du temps. Une démarche remarquable soutenue par une conception graphique ajustée et intelligente – confiée au studio Agnès Dahan. ■

Le Monde d'après • *Thierry Girard • Light Motiv éditions • 25 x 30 cm • 240 pages • 39 €*

L'inventaire du silence

Beyrouth compte environ 360 000 habitants ; l'agglomération urbaine, près de deux millions d'âmes. Autrement dit, un tiers de la population libanaise se concentre dans et autour de la capitale du pays. Et pourtant, les habitats abandonnés y sont légion. Et oubliés. Afin d'apporter *« une nuance à leur silence »*, l'historien d'art et photographe **Gregory Buchakjian** a entrepris voilà une dizaine d'années une vaste étude sur le sujet – combinant une thèse de doctorat et des travaux photographiques – dont les résultats sont méticuleusement compilés dans cet ouvrage unique en son genre. À mi-chemin entre une approche documentaire et une démarche artistique, *Habitats abandonnés* dresse un *« chimérique »* inventaire de près de huit cents lieux – dans lesquels ont été collectés documents anonymes et propos de riverains – sur fond de l'histoire de Beyrouth racontée en détail afin de mieux comprendre ce qui semblait jusque là incompréhensible. ■

Habitats abandonnés : Une histoire de Beyrouth • *Gregory Buchakjian • Kaph Books • 24 x 29 cm • 240 pages • 60 €*

KAPH BOOKS

Ce qui nous lie

Un livre ; quelques lettres incrustées dans la matière ; et pas un mot de plus. Murmurer devrait ici suffire ; et ce rôle, c'est aux images de **Laure Maugeais** qu'il revient. La découverte débute en silence, dans un flottement baigné d'hésitation ; puis le milieu s'éveille lentement, au passage d'une fillette. Le vent expire, les végétaux inspirent, la mer s'étire. Une communion avec Dame Nature qui ne doit pas pour autant éclipser une autre relation, plus impalpable encore et si proche à la fois, emplie de fragilité, remplie d'émoi. *Motherhood*. Dix lettres pour la plus des belles des déclarations d'amour. Dix lettres qui rassurent, protègent, animent, ébranlent, angoissent. Dix lettres qui laissent échapper un *« reste près de moi »* avant de chuchoter un *« vas-y, n'aie pas peur, je suis là »*. Car qu'importe ce qui arrivera ; ce qui compte, présentement, c'est ce qui nous lie à jamais. ■

Motherhood
Laure Maugeais
autoédition
17 x 24 cm
80 pages • 35 €

APPEL À CANDIDATURES
les prix du livre de photographie francophone
PRIX HiP
Appel aux éditeurs et auteurs
Candidatez avant le 4 octobre 2019
www.prixhip.com
HiP
HiSTOIRES PHOTOGRAPHiQUES
SALON de la PHOTO
JULIE PONCET
escourbiac
Art-Photo-Lab
La Comète
ISSY
La Place DES PHOTOGRAPHES
CONFRONTATIONS PHOTO GEX
popspirit

La photo de rue

24 situations décryptées

La photographie de rue est un exercice passionnant, mais particulièrement exigeant. Il nécessite notamment une disponibilité de tous les instants et un sens de l'observation aigu. Une règle d'or : toujours emporter son appareil avec soi, même si vous n'avez pas envisagé une "sortie photo". Ensuite, face à une scène qui vous interpelle, ne vous satisfaites pas d'une première image correcte ou d'un cliché convenu ; poursuivez l'exploration de compositions plus réfléchies et singulières. Dans cette discipline, la persévérance comme la patience finissent toujours par payer.
À l'étranger, vous serez considéré comme un touriste ; une aubaine pour passer davantage inaperçu. Le rapport à l'image et à la tolérance du photographe de rue changeant radicalement d'un pays à l'autre, gardez toujours le sourire et restez décontracté en toutes circonstances. Vous ne faites rien de mal, du moment que vous ne portez pas préjudice au sujet photographié.
Dans ce dossier, nous avons choisi de rassembler les images par destination afin de mettre en évidence les spécificités liées à chaque pays exploré, d'une part, et vous inspirer davantage, d'autre part.

TEXTE ET PHOTOS **CÉDRIC ROUX**

1

Destination les États-Unis

Au pays de l'Oncle Sam, les villes ne se ressemblent pas. Arpenter les rues de NYC ne suffit pas pour dresser un portrait photographique fidèle de l'*urban attitude* de l'autre côté de l'Atlantique. Raison pour laquelle les images qui suivent explorent tout autant Washington, San Francisco et Los Angeles que New York.

1 COMPOSER AVEC DES SUJETS MULTIPLES

En voyage à l'étranger, le photographe de rue est souvent récompensé dès lors qu'il s'intéresse au comportement des touristes venus du monde entier. Ce fut notamment le cas ici, en arrivant près du Washington Monument. Une véritable chorégraphie se jouait juste sous mes yeux. Revers de la médaille : ce genre de scène ne vous laisse généralement que peu de temps pour réagir et saisir la bonne image. J'ai commencé par réaliser une première photo de sécurité, de peur que les personnes décident de quitter brusquement les lieux. Côté composition, je me suis positionné face à l'angle de la façade afin de proposer une lecture simple et efficace de l'image. J'ai ensuite testé d'autres cadrages, notamment en décalant mon boîtier vers la gauche ; mais l'image était alors déséquilibrée en raison de l'absence d'individu au-delà des deux touristes debout. Cet espace vide aurait par conséquent pris trop d'importance. De manière générale, pour composer une image avec des sujets multiples, mieux vaut être réactif et définir au plus vite le cadre le mieux adapté. Cela dit, les lieux touristiques sont tellement fréquentés qu'ils en deviennent des terrains de jeu idéaux pour s'améliorer dans la construction de ses images, les gens ne vous prêtant généralement pas attention.

Leica Q • 28 mm • f/4 • 1/1000 s
400 ISO • Washington

2 REVISITER LES INCONTOURNABLES

En matière d'image, chaque pays, chaque ville affiche des éléments si caractéristiques que les intégrer dans ses images semble incontournable. Quand on évoque New York, par exemple, notre inconscient nous renvoie une multitude

2

d'images identifiant instantanément la plus grande ville des États-Unis. C'est notamment le cas des taxis new-yorkais. Mais comment éviter l'image convenue, mille fois diffusée ? Malgré plusieurs voyages, je ne parvenais pas à réaliser une prise de vue atypique de ces fameux taxis jaunes, plus impactante, plus actuelle. Vint le jour où, marchant sur le trottoir, j'aperçus cet homme s'approchant d'une intersection et portant un *hoodie* flashy – un vêtement très tendance à NYC. Étant à Midtown, au beau milieu de l'après-midi, j'avais de fortes chances de croiser un taxi jaune. Je décidai alors de courir afin de me placer juste derrière lui au moment où il traverserait la rue en empruntant le passage piéton. Mon idée était de parvenir à associer visuellement deux sujets distincts, au point d'assimiler le véhicule à la Batmobile.

Leica Q • 28 mm • f/6,3 • 1/500 s 800 ISO • New York

Nikon D610 • 24-70 mm @ 24 mm • f/3,5 • 1/1 600 s • 100 ISO

3 FAVORISER LA CRÉATION D'ILLUSIONS

Les grandes villes américaines sont connues pour être particulièrement photogéniques, et plus encore lorsque la lumière est au rendez-vous. Grâce notamment aux ombres générées par les buildings, les possibilités de décliner des images aux forts contrastes sont légion. Pour en tirer pleinement profit, mettez-vous dans les meilleures conditions en fermant simplement le

3

Leica Q2 • 28 mm • f/11 • 1/500 s • 400 ISO

diaphragme. Vous obtiendrez alors des ombres marquées, favorisant la mise en évidence des éléments ou sujets baignant dans la lumière. Pour cette image, j'avais pris le temps de régler en amont mon boîtier par anticipation de ces forts contrastes. Bien m'en a pris. Alors que je traversai une rue, je notais la présence de deux collègues essayant de stopper un taxi. C'est au moment-même où je m'apprêtai à mettre mon boîtier à l'œil qu'apparut dans la lumière la main de l'individu placé en retrait. J'ai pu déclencher à temps et ainsi obtenir cette image inouïe mettant en scène un homme à trois bras. Ce type

Nikon D610 • 24-70 mm @ 24 mm • f/5 • 1/100 s • 400 ISO

Leica Q2 • 28 mm • f/10 • 1/1 000 s • 400 ISO

d'image surréaliste est une tendance très actuelle en photographie de rue.
Leica Q2 • 28 mm • f/11 • 1/500 s
400 ISO • San Francisco

4 TIRER PARTI DES ATTITUDES DANS LE MÉTRO

Quel que soit le pays, photographier dans le métro est un exercice exigeant la discrétion pour capter des scènes de vie. Il est en effet fréquent que des passagers remarquent ma présence ; cela dit, il s'agit rarement de ceux que je photographie. Concernant les attitudes des personnes empruntant seules le métro, là encore elles sont semblables d'un pays à l'autre. J'en dénombre principalement trois.

• la personne concentrée sur une ouvrage papier (livre, magazine) ou un écran (smartphone)
• la personne endormie ou fermant momentanément les yeux
• la personne regardant dans le vide, perdue dans ses pensées

Cette image a été réalisée dans le métro new-yorkais, tôt dans la matinée. Il y a par conséquent peu de passagers et beaucoup de dormeurs. Je suis plutôt tranquille. Très vite, mon regard se pose sur cet homme encapuchonné. Ne distinguant pas son visage à travers la faible ouverture, la scène est intrigante à souhait. Je crois faire face à l'homme invisible. Après avoir réalisé deux ou trois clichés depuis le siège lui faisant face, je décidai de me lever et de m'approcher – focale fixe oblige. Le résultat n'en est que plus impactant. Pour autant, malgré un cadrage serré, l'environnement immédiat ne doit pas être négligé. Ici, j'ai composé en tenant compte de la présence de la porte vitrée sur la droite et d'une affiche publicitaire à gauche. Celle-ci fait sens grâce au slogan *off the clock* (hors du temps) qui fait idéalement écho à la scène. Notez enfin la chaussure qui semble pointer sur la tête de l'individu.
Leica Q • 28 mm • f/1,7 • 1/125 s
400 ISO • NYC

4

5 CAPTER UNE SCÈNE D'ACTION

5

Aux États-Unis, contrairement à bien d'autres pays, photographier une opération de police telle qu'une arrestation est tout à fait possible dès lors qu'on ne dépasse pas la ligne fixée par les agents. Mais encore faut-il être là au bon moment. Pour cette image, j'ai couru jusqu'à l'endroit de la prise de vue dès que j'ai aperçu les véhicules rouler à vive allure, sirène en marche. Une fois sur place, j'ai eu du temps pour composer l'image. La principale difficulté était de réussir à capter le moment où la personne appréhendée était la moins agitée. La lumière de fin de journée était propice à la prise de vue. Elle généra à droite cette large ombre se détachant idéalement sur le rideau métallique d'un commerce. Celle-ci permit de "fermer" le plan tout en marquant un sens de lecture, le visage étant orienté en direction du prévenu. Le visage de ce dernier tout comme celui du policier au premier plan sont ici également dirigés vers la gauche, ce qui offre une continuité intéressante dans la lecture de l'image, et ce jusqu'au personnage placé complètement à gauche qui tourne la tête dans la même direction. A contrario, le regard de deux autres individus était dirigé dans l'autre sens, ce qui aurait pu briser l'harmonie d'ensemble de l'image. Placé dans l'obscurité à l'intérieur du magasin, le premier personnage reste néanmoins peu visible. Quant au second, il était cette fois dehors, en pleine lumière. Ne souhaitant pas déséquilibrer la composition, j'ai ajusté mon angle de vue de manière à dissimuler l'individu derrière le policier au premier plan – on ne distingue finalement que très légèrement son épaule. De manière générale, évitez de superposer des sujets sur vos plans, car cela dessert fréquemment l'image. Dans le cas présent, ce fut plutôt une opportunité. *Leica Q2 • 28 mm • f/9 1/125 s • 400 ISO • Los Angeles* ■

La France, du Nord au Sud

Photographier dans son pays n'est pas aussi aisé qu'on le croit. Au-delà du problème du droit à l'image, on se trouve confronté à ses propres habitudes, souvent contre-productives en matière d'observation et de créativité. A contrario, l'ouverture d'esprit et la remise en question ouvrent de nouveaux champs d'exploration.

6 EXPLORER AU-DELÀ DE SA ZONE DE CONFORT

Photographier dans la ville où l'on habite se révèle rapidement compliqué car l'environnement nous est bien trop familier. On ne s'étonne plus de rien et on prête bien moins attention à ce qui évolue autour de soi. Or, en photographie de rue, être sur le qui-vive reste essentiel. Pour ma part, j'avais pour habitude de photographier principalement dans mon quartier parisien ainsi que dans deux ou trois autres limitrophes du mien. Mais inexorablement, j'ai fini par ne plus rien voir. J'ai alors décidé

6A

6B

7

de traverser la Seine et d'emprunter certaines rues pour la première fois. Et là, j'ai immédiatement remarqué ce panneau qui menaçait de se coucher. Le passage de véhicules – notamment des bus – étant fréquent sur cette artère, j'imaginais alors une composition avec la présence d'un autobus venant de la droite : celui-ci me servirait à créer un effet d'optique faisant croire que le véhicule était à l'origine de ce dommage (**A**). Et puis, j'ai aperçu ce jeune garçon qui traversait. Il semblait perdu dans ses pensées ; j'ai alors préparé mon cadrage et m'apprêtai à déclencher, au cas où. C'est à cet instant qu'il a effectué des mouvements désordonnés, faisant écho de manière inespérée à la construction graphique de la zone à gauche de l'image (**B**). J'en tire un enseignement précieux : savoir aller au-delà de sa zone de confort, en raison de sa proximité, c'est rester ouvert à toutes les situations improbables. C'est assurément la clé d'images réussies.

Leica Q2 • 35 mm • f/7,1 • 1/500 s • 400 ISO • Paris

7 CAPTURER LES GESTES DU QUOTIDIEN

Au XXIe siècle, le meilleur ami du piéton est à n'en pas douter son smartphone. Les yeux rivés sur leurs écrans, les passants arpentent de plus en plus les rues la tête inclinée vers le bas. Les photographies sur cette thématique étant devenues légion, il s'avère désormais compliqué de réaliser une image originale. Il n'en reste pas moins vrai qu'elles décrivent une réalité actuelle intéressante à explorer. Et pour le débutant en photographie de rue, c'est une opportunité pour prendre confiance en soi, le croisement de regards avec le sujet étant rare.

C'est lors d'une balade matinale un jour férié que cette image a été réalisée. Quand le temps est au beau fixe, l'entrée de cette gare se révèle particulièrement photogénique, le soleil illuminant les usagers empruntant les escaliers. Au début, j'étais préoccupé à définir mon cadre idéal en intégrant notamment le support de lance à incendie dans la zone de gauche, sans pour autant obtenir un résultat convaincant. Une jeune femme est alors apparue, ne prêtant aucune attention à ce qui se passait autour d'elle. La couleur de son manteau ainsi que son rouge à lèvres faisaient idéalement écho à la lance d'incendie. Je déclenchai dans l'instant. Un an passa. Après avoir diffusé cette image sur Instagram, j'ai reçu un message d'une personne me demandant où et quand j'avais pris cette photographie. Suite à mes précisions, elle m'annonça qu'elle était la personne présente sur celle-ci. Restant très à l'aise face à la situation – considérant que l'image ne lui portait aucunement préjudice –, je lui ai alors simplement demandé si elle aimait la photographie de rue et

8

lui ai proposé de lui offrir le tirage, ce qu'elle a accepté.
Fujifilm X100T • 35 mm • f/5,6
1/1 600 s • 500 ISO • Paris

8 EXPLOITER LES LIEUX DE TRANSIT

Les aéroports sont assurément propices à la photographie de rue. Entre les gens pressés car en retard, ceux qui s'ennuient en attendant leur vol et enfin ceux qui s'y retrouvent après un long voyage, la manifestation d'humeurs et d'attitudes variées est une aubaine pour les yeux. Sans oublier que l'environnement est également très photogénique : grandes baies vitrées, nombreuses façades claires, kyrielle de pictogrammes et tenues chics et colorées des équipages de compagnies aériennes.
En arrivant au terminal, j'ai immédiatement repéré ce pictogramme. Après un rapide coup d'œil à droite, j'ai attendu le passage de cet homme à l'allure très

Nikon D610 • 35 mm • f/1,4 • 1/400 s • 800 ISO

classique mais tout à fait appropriée au contexte pour déclencher. Les similitudes sont en effet frappantes.

Nikon D610 • 35 mm • f/1,4 • 1/2 000 s 500 ISO • Paris

9 REPOUSSER LES LIMITES DE LA STREET

Que nomme-t-on exactement une *rue*? Photographier sur une plage, dans les rochers... est-ce assimilable à de la *street photography*? Et ces questions, sont-elles vraiment pertinentes ? L'expression *photographie de rue* n'est qu'une traduction fort simpliste et réductrice de l'anglais. En fait, l'endroit importe peu. Il me semble que le rôle des photographes *« de rue »* est avant tout de témoigner, par l'image, des modes de vie des gens qui nous entourent et de leurs habitudes ; c'est pourquoi il est déterminant d'apprendre à observer les autres, où que l'on soit. Chaque pays, chaque région, chaque agglomération affiche des codes très spécifiques ; et c'est précisément ce qui permet de se donner un cadre, un chemin à suivre pour raconter la vie des gens du coin. Par exemple, à Marseille, la mer Méditerranée tient une place centrale dans le quotidien des habitants. Cet espace public a également sa place en photographie de rue.

Leica Q • 28 mm • f/9 • 1/1 000 s • 400 ISO

Pour réaliser cette image, j'observais cet homme depuis un petit moment. Venant de sortir de l'eau, je l'ai d'abord photographié torse nu, le visage de trois quarts. Le résultat était intéressant et très esthétique grâce à la couleur de l'eau ; mais il manquait de force.

Leica Q2 • 28 mm • f/10 • 1/500 s • 400 ISO

L'homme s'est ensuite rhabillé face à la mer, enfilant une chemise d'un bleu électrique. Cette couleur et la texture du tissu contribuèrent à enrichir l'image ; sans oublier la gestuelle tout à la fois élégante et intrigante. En photographie de rue, on se concentre trop souvent sur l'individu, sans forcément prendre le temps d'attendre une éventuelle attitude originale voire décalée. Pourtant, c'est bien celle-ci qui, la plupart du temps, participera à la singularité de l'image. *Leica Q • 28 mm • f/13 • 1/1 000 s 400 ISO • Marseille*

10 OSER LA STREET SANS SUJET HUMAIN

Si je ne me suis jamais censuré concernant le lieu de prise de vue (plage, centre commercial, intérieur de commerces), en revanche j'ai mis du temps avant d'oser publier des images sans individu dans le cadre. Je considérais en effet que la *street photography* était une discipline où l'humain devait être visible. Mais en avançant dans ma pratique, j'ai pris conscience qu'il n'était pas nécessaire de s'enfermer dans un cadre aussi strict. Et si dans cette image, aucun individu n'est visible, à l'inverse la présence humaine reste suggérée. Selon moi, un photographe de rue est un simple observateur de son environnement et des gens qui l'habitent. Inutile de vous mettre des barrières ; concentrez-vous plutôt sur l'observation et la composition, et photographiez ce qui vous interpelle. En somme, montrez aux gens ce que ceux-ci ne prennent pas le temps de regarder. *Nikon D610 • 35 mm • f/8 1/250 s • 100 ISO • Dunkerque*

Le Japon

Avec plus de 13 millions d'habitants intra-muros et près de 43 millions de résidants dans toute l'agglomération, Tokyo constitue une gigantesque fourmilière humaine. Un terrain de jeu idéal pour le photographe de rue. Pour autant, mieux vaut ne pas oublier de bien identifier son sujet, voire d'apprendre à l'isoler dans ce tumulte urbain.

11

11 ISOLER UN SUJET DANS UN LIEU FRÉQUENTÉ

Visitant le plus grand temple bouddhique de Tokyo, je notai la présence de nombreux touristes se mêlant à des Japonaises habillées en tenue traditionnelle. Chacun s'adonnait à l'exercice de la photo souvenir en posant pour un ami ou en réalisant un selfie ; ce qui contrastait avec le lieu, plutôt propice au recueillement. Dans ce genre de situation, je prends le temps d'explorer l'endroit à la recherche d'un cadre dépourvu d'éléments visuels parasites. La patience aidant, j'ai alors remarqué la présence d'une demoiselle au kimono étincelant, posant pour une photographe. Je tenais là mon cadre, vierge de tout élément importun. Il me restait simplement à déclencher sans attirer l'attention afin de conserver l'innocence du moment. Il m'arrive régulièrement de profiter d'une séance photo en cours pour capturer la scène à ma manière. Dans une telle situation, faites en sorte de passer inaperçu afin de ne déranger personne. Si le photographe se révèle être du coin, vous bénéficierez de surcroît d'une lumière qu'il a minutieusement choisie.

Leica Q2 • 28 mm • f/8 • 1/250 s • 400 ISO • Tokyo

12 CHANGER DE POINT DE VUE

Les passages piétons attirent souvent le photographe de rue car ils apportent un élément graphique très efficace dans une composition. Reste à savoir l'exploiter au mieux, ce qui exige parfois un peu de réflexion. En arrivant à ce passage, j'ai d'abord été interpelé par un homme attendant seul pour traverser, ce qui, dans les rues tokyoïtes habituellement animées, n'est pas fréquent (**A**). Et puis j'ai

remarqué que son costume très sombre contrastait harmonieusement avec la blancheur immaculée du marquage au sol. Je tenais peut-être là une image. Mais viseur à l'œil, cela ne donnait rien ; jusqu'à ce que j'aperçoive une barrière basse sur laquelle je pouvais monter(**B**). Dès lors, grâce à cette légère plongée, je changeais radicalement le point de vue initial. Je patientai quelques instants, espérant une interaction complémentaire dans le cadre. Une voiture blanche s'est alors engouffrée dans la rue. Dans l'instant, j'ai déclenché afin de conserver le véhicule dans l'angle droit, et ainsi obtenir l'équilibre idéal dans ma composition. Autrement dit, dans la rue, ne soyez pas uniquement attentif à ce que vous pourriez prendre en photo, mais également aux éléments qui favoriseront potentiellement un changement de point de vue.

Leica Q2 • 28 mm • f/9 • 1/250 s
400 ISO • Tokyo

12A

12B

GV

13

Leica Q2 • 28 mm • f/5 • 1/1 000 s • 400 ISO

13 NE PAS SE SATISFAIRE D'UNE IMAGE CORRECTE

En photographie de rue, on distingue généralement deux sortes d'image. La première relève de l'instinct. La seconde se construit de manière plus réfléchie : vous choisissez votre cadre avec précision, en fonction d'une belle lumière baignant la scène et/ou d'un environnement propice à une éventuelle rencontre fortuite – à un angle de rue, par exemple. En arrivant dans ce lieu, j'ai rapidement obtenu deux images intéressantes, et aurais pu m'en satisfaire. Cela dit, je sentais que cet endroit très fréquenté pouvait m'apporter davantage. Je n'ai pas attendu très longtemps avant de voir arriver ces femmes fort bien apprêtées dans leurs tenues aux couleurs différentes. J'ai simplement attendu qu'elles soient toutes les trois dans la lumière pour déclencher – notez la convergence de tons du tailleur de la troisième personne avec le marquage au sol qui invitent le regard à débuter une lecture elliptique. Dans ce genre de situation, armez-vous de patience et ne tombez pas dans la facilité en vous complaisant avec une image profitant d'une belle lumière mais restant en-deçà du potentiel réel du lieu.

Leica Q2 • 28 mm • f/10 • 1/500 s • 400 ISO • Tokyo

14 AJUSTER JUSQU'AU DERNIER INSTANT

Lorsque je sillonne les rues, je porte systématiquement mon regard un peu

14

Leica Q2 • 28 mm • f/10 • 1/500 s • 400 ISO

plus loin dans le but d'anticiper le type d'environnement se présentant à moi. De ce fait, je suis plus attentif aux éléments et ajuste en conséquence les réglages de mon boîtier. C'est primordial si les écarts de lumière sont importants, car cela me permet de rester concentrer sur de potentielles scènes à saisir sans être déstabilisé au moment décisif par un réglage d'ordre technique. Pour cette image, j'avais donc anticipé le fait d'emprunter un tunnel. Puis je constatais la présence de poteaux jaunes très colorés dans cet environnement plongé dans l'obscurité. Alors que je réglais mon boîtier, je remarquai ce jeune homme.

Leica Q2 • 28 mm • f/3,2 • 1/125 s • 400 ISO

Leica Q2 • 28 mm • f/7,1 • 1/1 000 s • 400 ISO

J'ai immédiatement accéléré le pas afin d'arriver à sa hauteur au moment où celui-ci sortirait du tunnel. L'idée était bien entendu de jouer sur le rappel des couleurs. Au dernier moment, je notai une seconde répétition de couleur, doublée d'une répétition de forme. J'ai alors légèrement déplacé mon cadre sur la droite afin d'intégrer cet élément dans la composition. Conclusion : sachez vous remettre en question en adaptant l'analyse du plan jusqu'au dernier instant, grâce à une observation permanente. Notez enfin que cette prise de vue a été réalisée avec le boîtier au niveau de la ceinture. Quel que soit l'endroit et votre position, vous devez être prêt à déclencher.

Leica Q2 • 28 mm • f/8 • 1/250 s • 400 ISO • Tokyo

15 RÉALISER UNE IMAGE SANS ARTIFICE

Les photographes de rue – moi le premier, je l'avoue – ont souvent tendance à se plaindre dès que la lumière vient à manquer. Dans ces conditions, on se dit alors qu'il va falloir redoubler d'effort et d'attention pour espérer réaliser une image forte. Il serait sans doute plus judicieux d'y voir à l'inverse l'opportunité de se concentrer davantage sur le sujet que l'on souhaite photographier, et ainsi réussir à raconter une histoire simple et sans artifice. Prenons cette image : lassé de ne rien avoir vu d'intéressant depuis plusieurs minutes, et en l'absence d'une lumière adaptée, j'avançais les yeux rivés sur mon téléphone. Résultat : je n'ai pas prêté attention à cet homme tenant son chien dans ses bras. C'est ma compagne qui m'a invité à lever la tête. La scène ne nécessitant pas une longue réflexion en matière d'angle et de cadrage, j'ai réalisé cette image simple, propice à des lectures multiples. Savoir rester aux aguets, même quand on a l'impression que rien ne va se passer : tel est l'enseignement que je tire de cette photographie.

Leica Q2 • 28 mm • f/4 • 1/160 s • 400 ISO • Enoshima

15

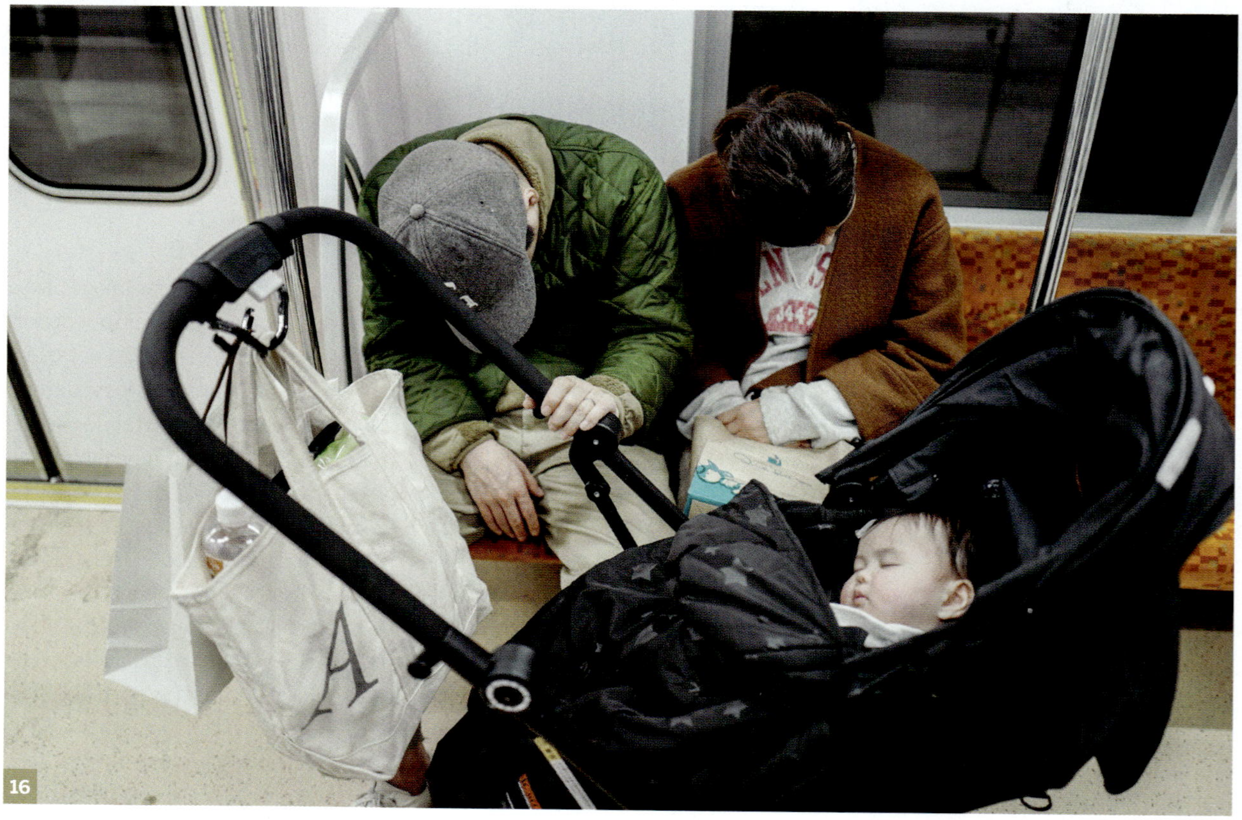

16

17

Leica Q2 • 28 mm • f/7,1 • 1/500 s • 400 ISO

16 DÉNICHER L'INSOLITE DANS LES TRANSPORTS

Si saisir des images dans les transports en commun est fréquent, les embuches sont également légion. En premier lieu, les lumières sont généralement difficiles à négocier. C'est la raison pour laquelle je n'hésite pas à régler régulièrement mon boîtier en mode tout automatique quand j'emprunte le métro. À Tokyo, j'ai par ailleurs constaté que les usagers étaient souvent enclins à s'endormir durant le trajet. L'envie m'a donc pris de capturer une telle scène, mais en m'interdisant de tomber dans la facilité en montrant la posture peu glorieuse d'un voyageur assoupi la bouche ouverte. C'est en rentrant le premier soir à l'hôtel que j'aperçus, au fond de la rame, un couple semblant lutter contre le sommeil, tandis que leur nouveau-né dormait paisiblement dans sa poussette. Je me suis alors lentement approché, le temps que leurs têtes chavirent vers l'avant. La scène s'offrit à moi, et j'ai de fait obtenu l'image insolite d'une sieste à trois, sans que leur posture puisse prêter à moquerie.

Leica Q • 28 mm • f/1,7 • 1/160 s • 400 ISO • Tokyo

17 RASSEMBLER LES CONDITIONS IDÉALES

Quand on pense au Japon, l'histoire du manga surgit rapidement. De là à croiser dans la rue un individu tout droit sorti d'un film d'animation ou d'un comics, rien n'est moins certain. Mais à Tokyo, j'ai

vite compris que tout était envisageable. Évoluant depuis seulement dix minutes dans Tokyo, je m'aperçus que les rues du quartier que j'arpentais étaient interdites le dimanche. Du coup, je n'hésitai pas à marcher au beau milieu de la chaussée afin de changer du point de vue habituel. Traversant l'avenue, une belle lumière générait un jeu d'ombres fort bienvenu. Je décidai alors d'accentuer le phénomène en fermant le diaphragme afin de dissimuler une partie des passants. Après avoir défini mon cadre en plaçant un élément fixe au centre de l'image dans un souci d'intégrer au mieux les sujets qui se présenteraient à moi, j'identifiai les personnes susceptibles d'apparaître dans la lumière. Une minute suffit pour découvrir ce *cosplayer* semblant sortir de nulle part. Je décidai qu'il serait mon sujet. Après avoir testé mes préréglages sur les passants le précédant, je jetai un dernier coup d'œil aux alentours ; je me rendis alors compte que l'individu sur qui j'avais porté mon dévolu serait le seul dans le champ au moment où il sortirait de l'ombre, ce qui facilitait tant la prise de vue que la lecture de l'image, une fois réalisée.

Leica Q2 • 28 mm • f/10 • 1/1 000 s • 800 ISO

Leica Q2 • 28 mm • f/14 • 1/1 000 s • 400 ISO • Tokyo

18 CRÉER DES ATMOSPHÈRES APAISANTES

Dans les grandes villes du monde, la vie bat tellement son plein que le bruit semble omniprésent. En réalité, ce n'est pas vraiment le cas. Reste qu'il est moins

19

Leica Q2 • 28 mm • f/5 • 1/500 s • 400 ISO

aisé d'identifier les espaces plus calmes ou de savoir isoler un sujet pour créer une atmosphère apaisante et emplie de sérénité. Réalisée en soirée à Shibuya, un quartier pourtant très animé, cette image illustre ce propos. À l'extérieur, place au tumulte urbain : bruit, foule, mouvements. Dans cet intérieur, le contraste était si saisissant que je me mis en quête d'une image à réaliser. J'apprécie beaucoup cette image car elle révèle une ambiance paisible, avec cet homme regardant vers l'extérieur. Libre alors au spectateur de s'interroger ou d'imaginer l'histoire qui se trame sous ses yeux. Pour ce type d'image, mieux vaut privilégier une composition épurée. Lorsque l'environnement proche le permet, je m'efforce systématiquement de placer dans le hors-champ les éléments qui risqueraient de parasiter la lecture de l'image.

Leica Q • 28 mm • f/1,7 • 1/500 s 800 ISO • Tokyo

19 SAVOIR SE FAIRE OUBLIER

Quand vous photographiez au 28 mm en cherchant à resserrer le cadrage sur le sujet, mieux vaut tout faire pour rester discret. Cette image a été réalisée dans un passage couvert laissant entrer le jour. Naturellement attiré par les diagonales de lumière, je me suis arrêté en découvrant la couleur très douce de l'arbuste situé juste derrière cet homme. Sans me faire remarquer, je cadre et déclenche une première fois. L'arbuste apparaît en entier dans le plan, ce qui ne me satisfait pas car le cadrage retenu coupe le corps du sujet de manière peu harmonieuse ; j'ajuste alors le cadre en y intégrant les mains, puis déclenche à nouveau. Cette fois, l'homme ne semble plus cadré au hasard. Durant les cinq à sept secondes qu'a duré la prise des deux vues, ce dernier ne s'aperçut à aucun moment que je l'avais pris en photo, et ce malgré ma proximité avec lui. En photographie de rue, la discrétion est primordiale pour conserver l'authenticité d'une scène. Pour y parvenir, déplacez-vous en silence et faites uniquement de petits mouvements, sans vous empresser.

Leica Q2 • 28 mm • f/8 • 1/500 s • 400 ISO • Tokyo ■

Cuba, un autre visage

Destination touristique par excellence, cet État insulaire attire les photographes par ses couleurs chatoyantes, son authenticité préservée et son passé encore bien enraciné. Pour eux, le défi à relever n'est pas simple : ils n'ont d'autre choix que celui de l'exigence afin de se singulariser. Sinon, c'est l'assurance de rentrer avec des images déjà vues.

la zone opposée lorsque j'aperçus du coin de l'œil – durant une prise de vue, j'ai pris l'habitude de toujours contrôler en même temps ce qu'il se passe hors-champ – une femme faisant suite au premier individu. Au vu de la lumière ambiante, je savais que son ombre apparaîtrait en premier dans le cadre. Et c'est précisément ce que je souhaitais obtenir, tout en conservant l'homme à droite. La chance m'a finalement souri, ayant réussi à réunir sur une même prise de vue l'ombre de cette femme et l'homme au polo bleu juste avant qu'il ne sorte du cadre.

Leica Q • 28 mm • f/14 • 1/1 000 s
400 ISO • La Havane

21 BIEN COMPOSER, SANS SURENCHÈRE

Certains cadres sont choisis de telle manière qu'ils donnent l'illusion d'un diptyque alors qu'il s'agit bel et bien d'une seule image composée. Pour y parvenir, il est nécessaire, d'une part, de définir son cadre avec une grande minutie, d'autre part, de dénicher l'endroit adéquat. En arrivant sur ce lieu, je sus immédiatement que je souhaitais obtenir ce type d'image. J'ai commencé par ajuster mes réglages afin de conforter l'ombre à gauche, et ainsi mettre bien en évidence le sujet qui entrerait dans l'étroite zone de lumière. Opter pour une valeur de diaphragme f/14 permit également de marquer l'espace ombragé complètement à droite, et ainsi de faire ressortir le ciel tout en profitant d'une diagonale de lumière entre la zone basse à gauche et la zone haute à droite. La lecture de l'image gagna alors en simplicité, ce que je recherchais. En revanche, il me manquait encore "la" scène pour habiter ce cadre. Dix longues minutes ont été requises pour trouver satisfaction. En photographie de rue, la patience est souvent récompensée – mais pas systématiquement. Dans le cas présent, j'espérais que trois protagonistes viennent s'inscrire dans la scénographie que j'avais imaginée, notamment avec un

20 RESTER ATTENTIF AU HORS-CHAMP

En photographie de rue, il arrive régulièrement de porter son attention sur un cadre en particulier et d'espérer ensuite qu'un ou plusieurs sujets viennent habiter celui-ci. C'est notamment le cas ici : même si le bleu est un peu clair, ces couleurs et ces lignes m'ont immédiatement séduites car elles m'évoquaient le drapeau cubain. Restait à composer une image dynamique avec ce cadre comme décor. Au bout de quelques minutes, un homme est apparu sur ma gauche. J'ai alors effectué un premier déclenchement au moment où il entra dans l'espace baigné de lumière à gauche. Je m'apprêtai à réaliser un second cliché une fois celui-ci placé dans

21

passant entrant dans le champ à droite de l'image. Toutefois, après avoir saisi cette image, je n'ai pas fait d'autre tentative, l'équilibre déjà obtenu avec deux individus me semblant suffire. S'il faut parfois être exigeant, à l'inverse mieux vaut ne pas jouer la surenchère systématique du nombre de sujets dans une image.

Leica Q • 28 mm • f/14 • 1/1 000 s • 400 ISO

22 TOURNER AUTOUR DE SON SUJET

Combien de fois vous êtes-vous retrouvé face à un sujet inspirant, mais sans réussir à savoir sous quel angle capturer la scène ? Je ne vois qu'une unique solution pour y remédier : ne pas hésiter à tourner autour du sujet jusqu'à révéler l'évidence.

Leica Q • 28 mm • f/8 • 1/1 000 s • 400 ISO

Ce jour-là, je me baladais sur le bord de mer quand j'ai distingué au loin cet homme allongé sur la corniche, regardant l'écume frapper le mur. Il semblait littéralement coupé du monde, ce qui m'a d'ailleurs permis d'essayer différents plans depuis le trottoir : de face, de derrière, en surélevant légèrement mon boîtier. Mais rien n'y faisait : l'image manquait cruellement de relief et d'une histoire. Ayant été touché par cet inconnu, je m'efforçai de trouver l'angle idéal. Voyant qu'il ne faisait vraiment pas attention à moi, je décidai de grimper sur la corniche. Ce fut la révélation : je tenais mon image. Je choisis alors un cadrage serré afin d'accentuer le ressenti que j'avais eu, à savoir l'impression que cet individu se sentait au bord du gouffre. Enfin, avant de déclencher, j'attendis que la couleur de la mer soit visible à certains endroits

Leica Q • 28 mm • f/4 • 1/500 s • 800 ISO

afin de gagner en esthétisme. Sur l'image produite, elle semble comme coupée en deux, l'écume soulignant le jeu des diagonales tout en confortant, selon moi, l'impression de vide entourant l'individu.
Leica Q • 28 mm • f/10 • 1/1 000 s 400 ISO • La Havane

23 NE PAS CHERCHER À TOUT DÉVOILER

Imaginez quelques instants que vous êtes à Cuba. Les images qui vous viendront instantanément à l'esprit évoqueront à n'en pas douter les couleurs, l'ambiance ou encore les anciennes voitures américaines. En voyage, certaines photos deviennent presque inévitables. Le défi à relever : faire preuve d'originalité afin de renouveler l'intérêt pour ces clichés convenus. Je me pris au jeu avec cette image. J'étais sur le trottoir opposé lorsque j'ai vu cette voiture stationnée, à l'arrière de laquelle se trouvait une femme. Je traversai en vitesse et, en me rapprochant, constatai que les portières étaient ouvertes. Le chauffeur se tenait debout à quelques mètres du véhicule ; afin qu'il n'apparaisse pas dans le champ, il me fallait m'avancer suffisamment, tout en restant discret pour ne pas éveiller les soupçons. Seule à l'arrière de la voiture, cette femme me semblait si mystérieuse que je tenais à préserver cette ambiance. Raison pour laquelle j'ai préféré rester légèrement en retrait afin de ne pas dévoiler son visage et, au contraire, mettre en évidence la position de ses jambes ainsi que son chignon. Libre ensuite au spectateur d'imaginer l'histoire se jouant devant lui.
Leica Q • 28 mm • f/2,8 • 1/500 s • 400 ISO

23

Leica Q • 28 mm • f/5,6 • 1/1 000 s • 400 ISO

24 PHOTOGRAPHIER À LA HANCHE

Cette photographie montre à quel point il est indispensable d'être en permanence sur le qui-vive dès l'instant que vous mettez le pied dehors. Ce matin-là, je sortais de mon hôtel. Moins de vingt mètres plus loin, ce monsieur rencontrait des difficultés pour relever un rideau métallique. Craignant de ne pas avoir le temps de capturer la scène, je choisis de photographier à la hanche. Selon moi, cette pratique controversée n'est pas à bannir en photographie de rue. Elle présente en effet de multiples avantages :

• Elle favorise la discrétion, à condition d'éviter de faire du surplace et de déclencher d'une main sans baisser le regard sur son boîtier.

• Elle donne plus d'importance au sujet photographié grâce à la contre-plongée.

• Elle garantit une prise de vue plus rapide car vous ne perdez pas de temps à mettre le boîtier à l'œil.

Quelle que soit la raison qui vous décide à opter pour cette pratique, vous devez absolument maîtriser la focale de l'optique vissée sur le boîtier afin de ne pas cadrer au hasard. Un apprentissage est bien entendu indispensable. Pour cette image, je savais qu'à cette distance et avec mon objectif 28 mm il m'était possible de faire entrer dans le cadre le mur à gauche, nécessaire pour apporter une matière et des couleurs complémentaires.

Leica Q • 28 mm • f/4,5 • 1/125 s 400 ISO • La Havane

24

Leica Q • 28 mm • f/2,8 • 1/500 s • 400 ISO

Leica Q • 28 mm • f/6,3 • 1/250 s • 400 ISO

Leica Q • 28 mm • f/5,6 • 1/250 s • 400 ISO

Leica Q • 28 mm • f/11 • 1/1 000 s • 400 ISO

Maîtrisez le bruit et la netteté

Les problématiques liées au bruit et à la netteté ont plusieurs points communs qui justifient de les traiter dans le même dossier. En premier lieu, ce sont des sujets techniques peu souvent sous le feu des projecteurs alors que leur importance est majeure : qu'une photo soit affectée d'un bruit résiduel ou qu'elle manque de netteté et c'est tout le travail de prise de vue et de retouche qui est gâché. Un autre point commun est de tendre des pièges de même nature, d'abord dans la phase d'évaluation du problème trop souvent exécutée à un niveau de zoom insatisfaisant, ensuite dans la stratégie de résolution qui se trompe parfois de cible.
Ce dossier pose les bases de ces deux étapes du flux de travail en insistant sur les pièges à éviter, puis il met en pratique les techniques les plus pertinentes pour les Raw comme pour le Jpeg. Nous espérons que cela contribuera à éclaircir les points nébuleux et à améliorer le traitement des vos photos.

PAR **PATRICK MOLL**

LE BRUIT

LA NETTETÉ

ZETTER

1 *Réduire le bruit*

Origines, structure et conséquences du bruit

Le bruit qui altère les photos numériques est très différent du grain argentique. En comprenant son origine et ses conséquences, vous saurez pourquoi et comment le limiter à la prise de vue. En perçant sa nature, vous choisirez le bon outil et la bonne stratégie d'élimination.

Le bruit qui grêle les photos numériques est souvent vécu comme une fatalité. Avant de voir pourquoi et comment le réduire dans le sujet suivant, examinons sa genèse et sa nature très particulière en numérique.

QU'EST-CE QUE LE BRUIT ?

En physique, le bruit désigne une perturbation non désirée du signal. Dans le cas de la photographie, il prend la forme d'artefacts ou de grains, isolés ou en amas, et plus ou moins colorés. En argentique, le gain est achromatique et sa répartition dans l'image est aléatoire, ce qui le rend non seulement supportable, mais aussi esthétique, particulièrement pour le noir et blanc auquel il ajoute cette texture qui a fait le succès des Tri-X et autres T-Max de Kodak. En numérique, les pixels aberrants qui constituent le bruit ne sont jamais plaisants, pour au moins deux raisons : leur nature colorée et leur présence d'autant plus forte que la luminosité est basse. Ils s'accumulent dans les zones sombres de l'image, ce qui les rend encore plus perceptibles. Plus ils se présentent en grappes, plus il est difficile de les supprimer sans détruire au passage les détails fins de la photo. C'est là tout le défi que tentent de relever les outils de réduction du bruit, avec un bonheur (très) inégal.

À L'ORIGINE DU BRUIT EN PHOTOGRAPHIE NUMÉRIQUE

Faire un rapide plongeon dans les entrailles de l'appareil photo éclaire les spécificités du bruit en numérique. Celui -ci a deux origines principales. La première est une irrégularité intrinsèque à la nature de la lumière, ce qui se traduit par un bruit aléatoire dit *photo-*

La structure du bruit mise en évidence au fil de son élimination

Le bruit numérique est un grouillement de pixels colorés aberrants, très visible sur l'extrait d'image (**A**). Les étapes de son élimination par le remarquable outil **Réduction du bruit** de DxO PhotoLab (lire le dossier sur les logiciels de DxO dans ce numéro) sont un excellent moyen de comprendre sa nature et sa structure. La première étape consiste à supprimer la composante colorée du bruit. Il reste alors un fort bruit achromatique, dit de **Luminance**, qui s'apparente au grain argentique(**B**). Quand on le réduit, on constate parfois qu'il reste des taches (**C**). Le curseur **Luminance** cherche en effet à supprimer le bruit de petite échelle, mais laisse tout ou partie du bruit basse fréquence (quand il y en a, ce qui n'est pas systématique). Le curseur **Basse fréquence** de PhotoLab se charge d'achever le travail en éliminant ces taches (**D**). Les logiciels ne proposent pas toujours un tel curseur, l'intervention étant alors fusionnée avec celle traitant le bruit fin de **Luminance**.

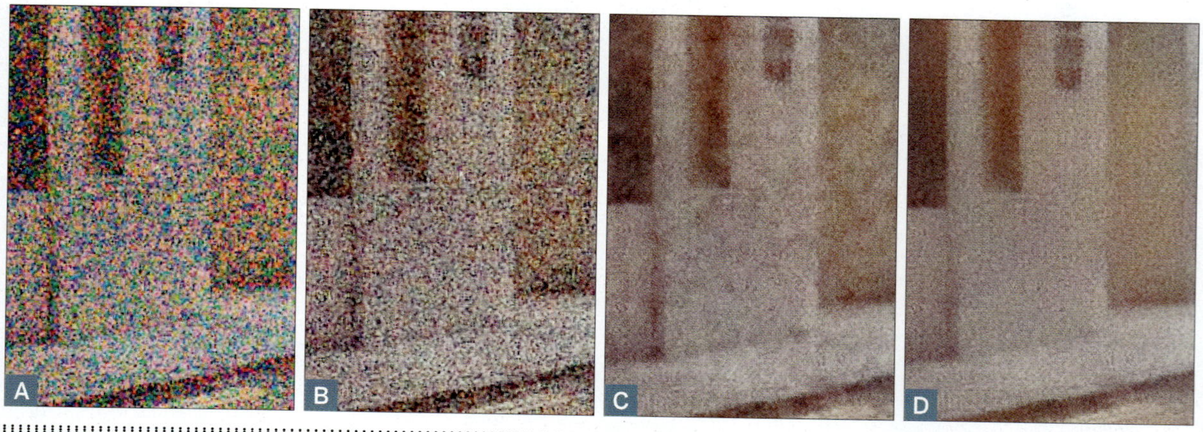

nique. Celui-ci augmente avec la quantité de lumière, mais en moindre proportion. La seconde source principale de bruit est d'origine électronique : le signal lumineux est imparfaitement réceptionné par les photodiodes, puis il subit divers outrages dans ses états successifs, analogique puis numérique. La particularité de ce bruit est d'être constant, et donc indépendant de la quantité de lumière reçue. Aussi, moins un pixel reçoit de lumière, plus le bruit domine le signal. C'est la raison pour laquelle il est bien plus perceptible dans les zones d'ombres de l'image, et ce d'autant plus que vous aurez tourné la molette de réglage de la sensibilité ISO.

L'AMPLIFICATION DU SIGNAL

Si le capteur et les circuits électroniques de l'appareil photo sont des sources de bruit, celui-ci serait très modéré, voire imperceptible s'il ne subissait aucune amplification. Or, c'est précisément ce qu'il advient lorsque vous augmentez la sensibilité ISO. Le capteur a une sensibilité unique, dite *nominale*, qui ne peut être augmentée comme on le faisait en argentique en choisissant un film plus ou moins sensible selon les exigences de la prise de vue – ou l'esthétique recherchée. Pas d'autres solutions pour l'appareil photo que de faire avec la sensibilité nominale du capteur (le plus souvent entre 100 et 200 ISO) et d'amplifier le signal pour simuler une montée en sensibilité.

La meilleure analogie pour comprendre ce processus et ses conséquences est l'amplification du signal audio. Lorsque vous augmentez le niveau sonore sur votre chaîne ou sur votre baladeur, vous entendez plus distinctement la musique, mais également le souffle dans les silences et les moments calmes. La particularité du souffle est d'avoir un niveau constant, comme la principale source de bruit en photographie numérique. Les silences en audio correspondent aux zones sombres de la scène qui nourrissent faiblement les pixels correspondants.

L'appareil photo vous donne donc seulement l'impression de shooter à haute sensibilité pour vous autoriser à utiliser des temps de pose plus courts ou des ouvertures plus petites. En réalité, la photo est toujours prise à basse sensibilité. Elle est donc très sombre avant amplification, et elle l'est d'autant plus que la valeur ISO choisie est élevée.

LES CONSÉQUENCES DU BRUIT

On le voit, si le bruit a une origine principalement électronique, il est faible et peu perceptible sur les appareils récents tant que vous ne vous éloignez pas trop de la sensibilité nominale du capteur. L'encadré ci-dessus montre l'effondrement du rapport signal/bruit et de la dynamique avec la montée en ISO. Les images atteignaient vite un état critique avec les appareils d'ancienne génération, c'est beaucoup moins le cas sur les appareils actuels pour peu qu'ils aient de gros capteurs, APS-C ou plein format. Pour les compacts et les smartphones, la zone rouge arrive très vite.

La présence du bruit lui-même n'est donc pas le seul désagrément imputable à la montée en sensibilité. Ne plus avoir que quelques IL de dynamique signifie que les hautes lumières et/ou les zones sombres plongeront vite dans le blanc ou le noir pur. Cela signifie aussi que les dégradés de couleur auront moins de nuances pour être finement reproduits. Aussi, ne considérez pas la montée en ISO comme une solution de facilité, mais comme un recours quand aucune autre solution ne donne satisfaction. ■

Liens entre sensibilité, bruit et dynamique

La nuisance occasionnée par le bruit ne se limite pas à sa présence dans l'image. Il dégrade également la profondeur de couleur et la dynamique. L'illustration ci-dessous, tirée du site DxOMark, montre la décroissance du rapport signal/bruit avec la sensibilité ISO pour trois générations d'appareils photo. Si les progrès technologiques ont permis de repousser la limite d'utilisabilité des appareils, la pente reste la même : le rapport signal/bruit perd 3 dB et la dynamique environ 1 IL à chaque doublement de la sensibilité. Cela signifie en pratique que si vous bénéficiez de 14 bits de dynamique à 200 ISO, vous n'en aurez plus que 8 à 12 800 ISO, soit guère plus qu'un Jpeg même si vous shootez en Raw, et même si vous éliminez le bruit avec maestria. Il ne faut pas perdre de vue cela quand on joue avec la molette de sensibilité !

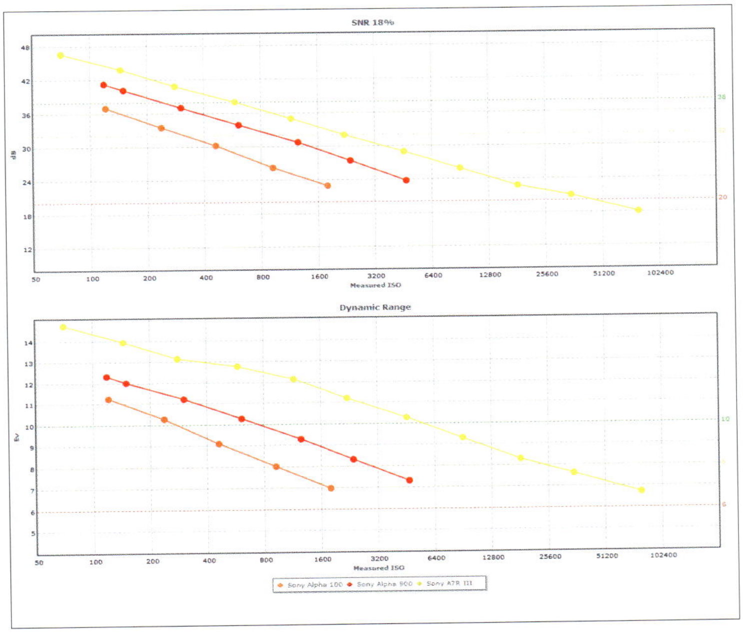

1 Réduire le bruit

Pourquoi et comment réduire le bruit ?

Réduire le bruit est une entreprise délicate et semée d'embûches. Vouloir trop bien faire en oubliant que ce qu'on observe en zoom 100 % n'a aucune chance d'être perçu sur l'image en visualisation normale est le piège le plus courant, et le premier qu'il faut savoir éviter.

Réduire le bruit est un travail d'orfèvre qu'il faut réaliser en évitant le piège du *pixel peeping* et en l'inscrivant dans la perspective d'une accentuation de la netteté – que l'on étudiera dans la partie suivante du dossier.

FAUT-IL SUPPRIMER LE BRUIT ?

La question pourra sembler étrange dans un dossier consacré à la réduction du bruit. Elle interroge en réalité la pertinence de le faire systématiquement et totalement, c'est-à-dire au niveau du pixel, en zoom 100 % sur l'image. Autrement dit, à quoi bon supprimer le bruit s'il ne se voit pas sur l'image dans sa taille finale sur son support de destination (ordi, TV, galerie web, impression papier, etc.) ? On pourrait suivre l'adage *"qui peut le plus peut le moins"* et considérer que si le bruit est entièrement éliminé, il le sera à tous les niveaux de zoom. Ce serait une stratégie acceptable si on avait la certitude de l'éradiquer sans causer le moindre dégât collatéral. Hélas, c'est loin d'être toujours le cas, notamment lorsque le bruit se présente sous forme de grappes de pixels aberrants ou avec une forte composante basse fréquence (lire le premier encadré du sujet précédent). La qualité de l'outil que vous utilisez est alors déterminante, certains produisant des désastres en éliminant trop de détails de l'image.

Pour éviter de vous retrouver avec des aquarelles, je vous suggère de choisir un bon logiciel (lire le sujet suivant) et de ne faire que ce qui est nécessaire et suffisant, ce qui implique la connaissance du destin de la photo : sa taille et son support. L'encadré page suivante montre comment une image terriblement bruitée en zoom 100 % est presque acceptable en l'état lorsqu'elle est affichée en plus petite taille. Nous verrons dans la seconde partie de ce dossier consacrée à l'accentuation de la netteté que la problématique est essentiellement la même, avec un piège

Le délicat dosage de la réduction du bruit de luminance

Si la suppression de la composante colorée du bruit se passe généralement sans encombre, le grain achromatique résiduel est bien plus délicat à éliminer, surtout lorsqu'il se présente sous forme de gros artefacts. L'idéal est de parvenir à dynamiter les gros grains, de préserver un bon niveau de détails et d'accepter une perte de netteté apparente que l'accentuation se chargera de relever. Dans l'exemple ci-dessous, l'extrait d'image (**A**) présente un grain de luminance bien perceptible. Trop pousser la réduction du bruit de luminance aboutit à une image lissée, mais en lourd déficit de détails (**B**). En dosant l'intervention plus modérément (**C**), on perd un peu de netteté, mais on s'assure ainsi que l'accentuation qui conclura la retouche n'augmentera pas exagérément la perception du bruit.

A

B

C

Réduction du bruit et dimensions physiques de l'image

Cette photo, déjà utilisée dans le dossier sur les logiciels DxO, a la particularité d'être l'une des plus criblées de bruit de ma photothèque. Prise à Dublin, au crépuscule, avec un appareil d'ancienne génération à une sensibilité de 6 400 ISO qui excédait largement la limite du raisonnable, elle est devenue mon défi préféré lancé aux outils de réduction du bruit. Telle que vous la voyez ci-dessous, elle fait environ 15 cm de large, soit une taille dans la norme des photos publiées sur le web. Quelque chose vous a-t-il instantanément choqué en la regardant ? Non ? Elle n'a pourtant pas subi la moindre réduction du bruit, le rectangle blanc correspondant à l'extrait d'image grouillant de bruit utilisé dans l'encadré du sujet précédent (légèrement éclairci pour mieux distinguer sa structure).
Cette illustration souligne que la réduction du bruit doit être réalisée et dosée pour l'image dans sa taille finale de visualisation. Ainsi, un léger débruitage aurait ainsi été suffisant pour rendre imperceptible le bruit de cette photo telle qu'imprimée dans ce magazine.

encore plus radical : l'effet d'une accentuation faite sur l'image dans sa taille d'origine disparaît totalement en cas de redimensionnement, ou d'affichage automatiquement réduit.

QUELLE STRATÉGIE POUR TRAITER LE BRUIT ?

La stratégie à adopter dépend en premier lieu du type de fichier à traiter. S'il s'agit d'un Raw, vous n'avez pas le choix, car il est par construction impossible de le redimensionner pour évaluer le bruit résiduel à la taille finale de l'image. Une solution consiste à afficher approximativement la photo à sa taille de diffusion ou d'impression, mais les logiciels de développement exigent parfois un zoom 100 % pour fournir un aperçu de l'effet de la réduction du bruit. Le cas échéant, faites au mieux, quitte à corriger les réglages si le résultat exporté n'est pas satisfaisant. Si le fichier est un Jpeg, commencez par le redimensionner pour évaluer ce qu'il reste comme bruit et s'il mérite un traitement. Prenez garde à ne pas écraser le fichier original !
Quel que soit l'outil dont vous disposez, il convient en premier lieu d'éliminer la composante colorée du bruit avec le curseur de chrominance, qui s'accompagne souvent d'un curseur de seuil. L'objectif est de le pousser jusqu'à ce que l'essentiel des pixels aberrants perdent leur couleur, sans que celles de la photo soient affectées (désaturation, couleur qui déborde, etc.). Le traitement du bruit de luminance ayant souvent un impact positif sur les résidus de couleur, dosez la correction en chrominance au minimum. Lorsqu'il ne reste plus que des grains achromatiques à affronter, le destin des détails fins de votre image est entre vos mains. Il faut trouver la martingale qui atténue le grain tout en préservant le maximum de détails (encadré page précédente). ■

1 Réduire le bruit

Quel outil logiciel pour la réduction du bruit ?

Les outils dédiés à la réduction du bruit sont différents selon que votre fichier est un Raw ou un Jpeg. Ce sujet fait un tour rapide de l'existant et propose un tutoriel basé sur le logiciel Affinity Photo, choisi pour son rapport qualité/prix remarquablement élevé.

Si vous être un utilisateur de PhotoLab, Photoshop, Lightroom ou Capture One, ne cherchez pas plus loin votre outil de réduction du bruit. Sinon, le choix est plus délicat et dépendra notamment du format de vos fichiers.

LOGICIELS POUR LES RAW

La réduction du bruit est l'un des arguments en faveur du Raw, car les algorithmes sont beaucoup plus efficaces quand ils peuvent traiter les données brutes. Il suffit d'exporter sans traitement un Raw en Jpeg et tenter de les nettoyer pour en prendre conscience. Les logiciels de développement sont donc clairement favorisés, et tous embarquent un outil a minima satisfaisant. DxO PhotoLab est le meilleur d'entre eux, plus encore si vous utilisez l'outil **PRIME** de la version Elite (lire le dossier sur les logiciels de DxO dans ce numéro). Lightroom et son alter ego Camera Raw sont très bons dans ce domaine (lire le sujet suivant), de même que Capture One Pro. Du côté des logiciels libres, RawTherapee s'en tire bien, mais Darktable est un peu décevant, avec une pléthore d'outils dont aucun n'est assez efficace sur les images très bruitées.

LOGICIELS POUR LES JPEG

Ce qui est difficile avec un Raw l'est encore plus avec un Jpeg. Les logiciels de développement restent de bons candidats, même si leurs outils ne fonctionnent pas avec la même efficacité. Du côté des logiciels spécialisés, le panorama a peu évolué : les ténors sont les mêmes qu'il y a dix ans lorsque la lutte contre le bruit était une véritable guerre. Noise Ninja, désormais inclus dans Photo Ninja, reste le meilleur, mais son prix a été sévèrement revu à la hausse (129 $). Il partage le podium avec l'excellent Noiseware (encadré ci-contre) qui n'est toutefois disponible qu'en plug-in. La déception vient de Topaz DeNoise qui promettait beaucoup, mais s'avère décevant. Quant à la bonne surprise, c'est du côté d'Affinity Photo qu'elle se trouve, ce qui lui vaut le tutoriel ci-contre. ■

Noiseware, excellent outil dédié pour les Jpeg

Imagenomic Noiseware est depuis longtemps l'un des meilleurs logiciels spécialisés dans la réduction du bruit des Jpeg. Sur les images très bruitées, Noiseware est particulièrement performant, pour peu qu'on sache finement jouer avec les deux groupes de curseurs **Level** et **Reduction**. Le premier définit le niveau du bruit dans l'image, le second l'intensité de l'effet, un troisième pilotant la protection des détails en luminance et en chrominance. Pour encore plus de précision, des onglets avancés permettent d'adapter l'intervention selon la fréquence du bruit, la plage de tonalités et la plage de couleurs. Le résultat est vraiment bluffant, le tarif de 80 $ n'étant pas scandaleux si le bruit est un ennemi majeur dans votre pratique photo.

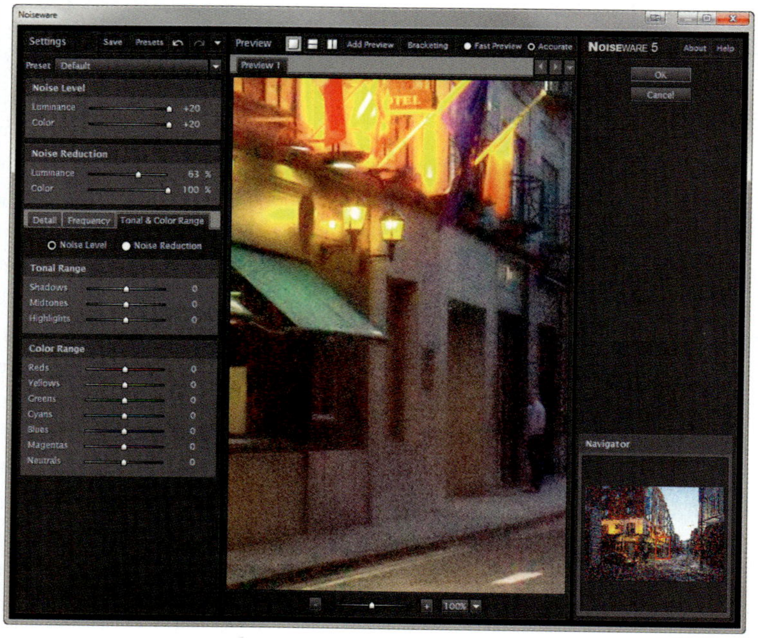

Téléchargez les images sur notre site
www.competencephoto.com

RÉDUISEZ LE BRUIT D'UN JPEG AVEC LE LOGICIEL AFFINITY PHOTO

Affinity Photo est l'un des plus sérieux concurrents de Photoshop. C'est aussi l'une des très bonnes surprises des nombreux tests d'outils de réduction du bruit que j'ai réalisés pour ce dossier. Vous allez le mettre au défi d'une photo criblée de bruit que seul l'outil **PRIME** de PhotoLab a su parfaitement nettoyer.

1 Cette photo a été prise dans un pub à Dublin avec un appareil d'ancienne génération. La sensibilité ISO était très élevée pour assurer une bonne exposition et limiter autant que possible les flous de bougé.

2 Un zoom à 100 % fait apparaître un grouillement de bruit coloré. Un logiciel non spécialisé et assez récent comme Affinity Photo est-il capable de réduire ce bruit ? C'est ce que vous allez évaluer.

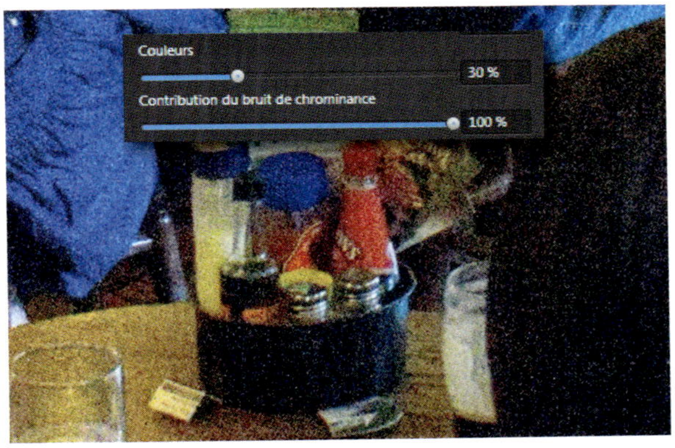

3 Commencez par supprimer la composante colorée du bruit. Celle-ci étant très prégnante, fixez la **Contribution** à *100 %* et poussez le curseur **Couleurs** jusqu'à disparition du bruit coloré (ici *30 %*).

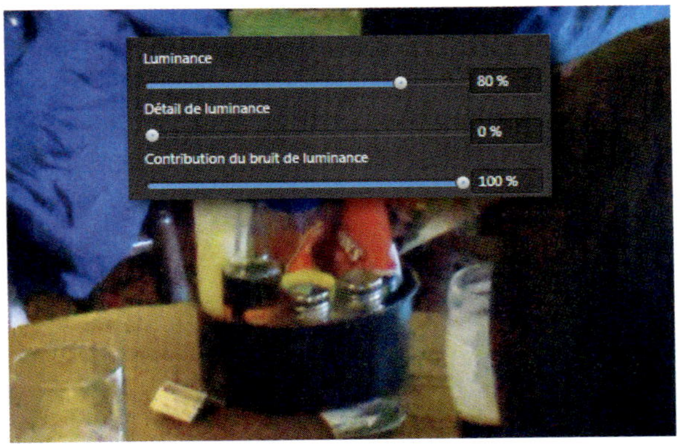

4 Évaluez à présent l'intensité du traitement en **Luminance** nécessaire pour supprimer totalement le grain résiduel. À *80 %*, il ne reste plus grand-chose, mais les détails fins ont aussi subi des pertes sévères.

5 Avec une valeur de *50 %*, on semble proche du point d'équilibre entre réduction du bruit de luminance et préservation des détails. Jouer avec le curseur **Détail** de luminance améliore-t-il le résultat ?

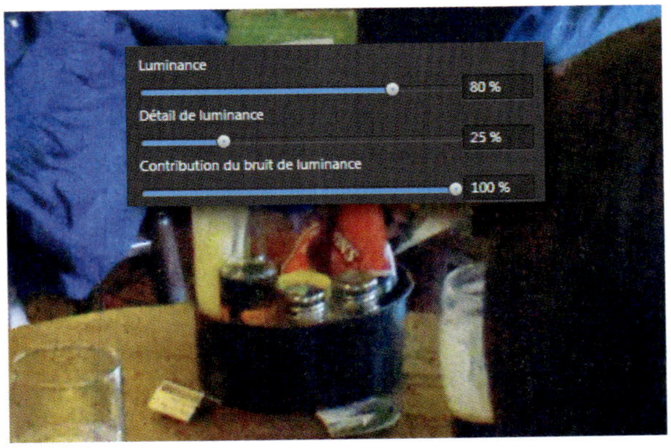

6 En poussant de nouveau l'intensité du traitement à *80 %* avec un **Détail** de luminance à *25 %*, on obtient un résultat très satisfaisant, et un peu meilleur qu'avec le curseur **Luminance** seul.

1 *Réduire le bruit*

Réduction du bruit efficace avec Photoshop

Chaque logiciel a des qualités et des faiblesses. En matière de réduction du bruit, les logiciels d'Adobe sont dans le haut du panier à condition de choisir le bon outil. C'est automatique dans Lightroom, mais ça ne l'est pas dans Photoshop dont l'outil par défaut est médiocre !

Si Photoshop n'a cessé de s'améliorer au fil des versions, la réduction du bruit reste l'un de ses points faibles, mais le logiciel d'Adobe possède une botte secrète : Camera Raw !

RÉDUIRE LE BRUIT D'UN JPEG AVEC PHOTOSHOP

Photoshop n'a pas d'outil dédié à la réduction du bruit dans le menu **Image | Réglages** ou en calque de réglage. C'est dans le menu **Filtre** qu'on les trouve, regroupé dans le sous-menu **Bruit**. Parmi eux, deux présentent un intérêt en photo. **Antipoussière** élimine tous les pixels isolés, ou groupes de pixels si vous choisissez un rayon supérieur à *1px*. Son effet est intéressant en présence d'un bruit de luminance très fin, mais il manque de subtilité et la netteté de l'image est affectée de façon excessive. Le filtre **Réduction du bruit** possède les curseurs classiques de traitement en luminance et en chrominance, ainsi qu'un panneau **Avancé** qui donne accès à un traitement différencié par couche. Hélas, malgré cela, l'efficacité de l'outil est médiocre, même sur les photos modérément bruitées. Adobe n'a visiblement pas cherché à améliorer la qualité de ce filtre, qu'il est préférable d'oublier pour ne considérer que le très bon outil intégré à Camera Raw.

RÉDUIRE LE BRUIT AVEC LE PLUG-IN CAMERA RAW

Lorsqu'on utilise Photoshop, le traitement du bruit est une étape qui impose de se souvenir que l'on bénéficie du plug-in Camera Raw, équivalent fonctionnel de Lightroom et utilisable pour un Jpeg comme pour un Raw. Il se lance de façon automatique si vous ouvrez un Raw, mais ce n'est pas le comportement par défaut pour un Jpeg. Pour ouvrir directement le fichier dans Camera Raw, le plus simple est de passer par Bridge. Faites un clic droit au-dessus de la vignette du fichier et choisissez **Ouvrir dans Camera Raw**. Toutefois, depuis que le plug-in est disponible en tant que filtre, il s'intègre de façon plus naturelle dans un flux de travail classique. Afin de le rendre réversible, je vous suggère de convertir le calque d'image – ou une copie fusionnée de la pile de calques – en objet dynamique afin de rendre Camera Raw lui-même dynamique. Si l'outil n'est pas aussi efficace en Jpeg qu'en Raw, il reste l'un des plus performants. ■

Réduire le bruit avec le plug-in Camera Raw

L'outil de réduction du bruit de Camera Raw est strictement identique à celui de Lightroom. Il est composé de deux groupes de curseurs pour traiter le bruit de luminance et celui de couleur. Chaque groupe possède un curseur d'intensité et des curseurs additionnels pour limiter l'impact sur les détails de l'image. Le lissage des couleurs a un effet décisif sur les photos présentant un bruit basse fréquence élevé. Le tutoriel ci-contre met en pratique la recherche d'un dosage optimal pour un fichier Jpeg.

Téléchargez les images sur notre site
www.competencephoto.com

SUPPRIMEZ LE BRUIT AVEC L'OUTIL DE CAMERA RAW

Depuis que Camera Raw est disponible en tant que filtre, son intégration dans un flux de travail est beaucoup plus simple. Son outil de réduction du bruit étant très supérieur au filtre de Photoshop dédié à cette tâche, vous allez le mettre en œuvre sur une photo très bruitée pour tester le comportement de ses différents réglages.

1 Cette photo est fortement bruitée, y compris dans les zones claires où un grain fin et coloré est nettement perceptible. Commencez par convertir le calque d'image en objet dynamique via le menu du clic droit.

2 Faites **Filtre | Filtre Camera Raw** pour ouvrir l'interface du plug-in et allez dans l'onglet **Détail** pour accéder aux curseurs de l'outil réduction du bruit. Zoomez à *100 %* dans l'image pour visualiser l'effet.

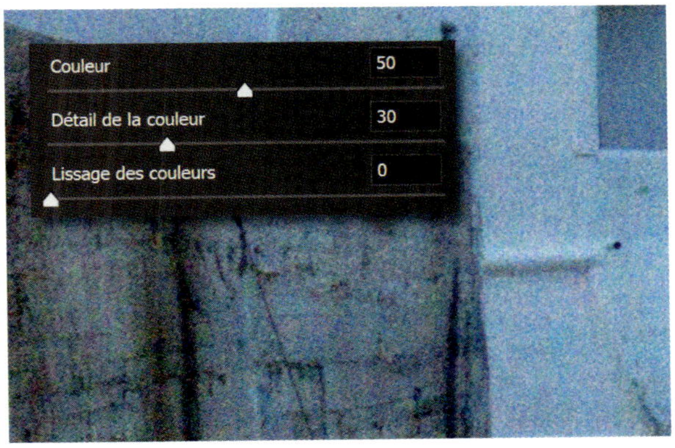

3 Traitez le bruit de chrominance en poussant le curseur d'intensité **Couleur**, puis atténuez l'effet avec le curseur **Détail** de la couleur. Ici, les valeurs *50* et *30* conviennent pour résorber le grain coloré.

4 Il reste toutefois des taches de couleur, signe de la présence d'un bruit basse fréquence. Poussez le curseur **Lissage** des couleurs jusqu'à le faire totalement disparaître. Le résultat est satisfaisant.

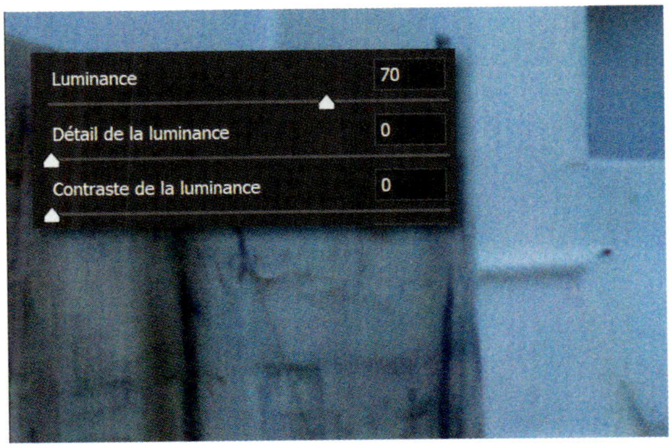

5 Il reste à traiter le grain achromatique résiduel à l'aide du groupe de curseurs **Luminance**. Poussez le curseur d'intensité **Luminance** jusqu'à ce que le grain disparaisse. Le rendu est bien trop lisse.

6 À l'aide des curseurs secondaires **Détail** et **Contraste**, cherchez le point d'équilibre entre la réduction du bruit et la préservation des détails. Ci-dessus, *50* pour le **Détail de la Luminance** a été retenu.

1 *Réduire le bruit*

Techniques pour un traitement ciblé du bruit

Si vous utilisez un éditeur d'images avancé disposant notamment de calques et de masques de fusion, plusieurs outils sont à même de limiter, de cibler ou d'affiner le traitement du bruit. Ce sujet décrypte les techniques les plus performantes.

Sauf à utiliser DxO PhotoLab sur des Raw et bénéficier de ce qui se fait de mieux, la réduction du bruit n'est pas un long fleuve tranquille et requiert parfois des interventions additionnelles pour être améliorée ou mieux ciblée par zones ou par plages de luminosité.

CIBLAGE AVEC UN MASQUE

Une spécificité forte du bruit en numérique est sa prégnance inversement proportionnelle à la luminosité : plus les pixels sont sombres, plus ils sont bruités, pour les raisons évoquées dans le premier sujet. Les outils de réduction du bruit s'efforcent d'en tenir compte afin d'appliquer un traitement différencié qui épargne les détails fins des zones les plus claires, mais ils n'y parviennent pas toujours parfaitement. Pour corriger un effet satisfaisant dans les tons sombres, mais excessif dans les tons clairs, une première solution consiste à appliquer la réduction du bruit sur un calque dupliqué auquel on affecte un masque de fusion. Pour protéger les zones claires, il suffit alors de les peindre sur le masque avec une nuance de gris sombre. Une variante plus sophistiquée consiste à créer un masque de luminance afin d'automatiser la protection des tons les plus clairs. C'est cette solution que le tutoriel ci-contre met en œuvre.

TRAITEMENT SUR COUCHE

Une autre particularité du bruit en numérique est d'affecter différemment les couches RVB qui composent l'image. Lorsque l'outil de réduction du bruit s'avère trop destructeur, il est intéressant d'examiner les couches pour savoir si le bruit n'affecte pas plus particulièrement l'une d'entre elles. Le cas échéant, la traiter individuellement (avec un filtre de flou, un antipoussière ou tout autre outil) en la sélectionnant préalablement dans le panneau couche a pour effet de normaliser le bruit et permet d'utiliser l'outil global de façon plus modérée et moins destructrice.
Le passage de l'image en mode **Lab** dans un éditeur d'images est une variante qui sépare la luminance des couleurs (encadré ci-contre). ■

Intervenir sur les couches en mode Lab

Le mode **Lab** est une représentation des couleurs alternative au RVB. Il présente l'avantage de séparer la luminance **L** et les couleurs (nommées **a** pour l'axe vert-rouge et **b** pour l'axe bleu-jaune) et d'autoriser un traitement séparé, si besoin avec des outils différents. Les filtres de flou sont souvent pertinents pour les couches a et b, le bruit de luminance pouvant être traité avec un outil classique de réduction du bruit ou avec un antipoussières lorsque le grain est très fin. Notez que le passage en mode Lab est transitoire, le retour en RVB étant impératif.

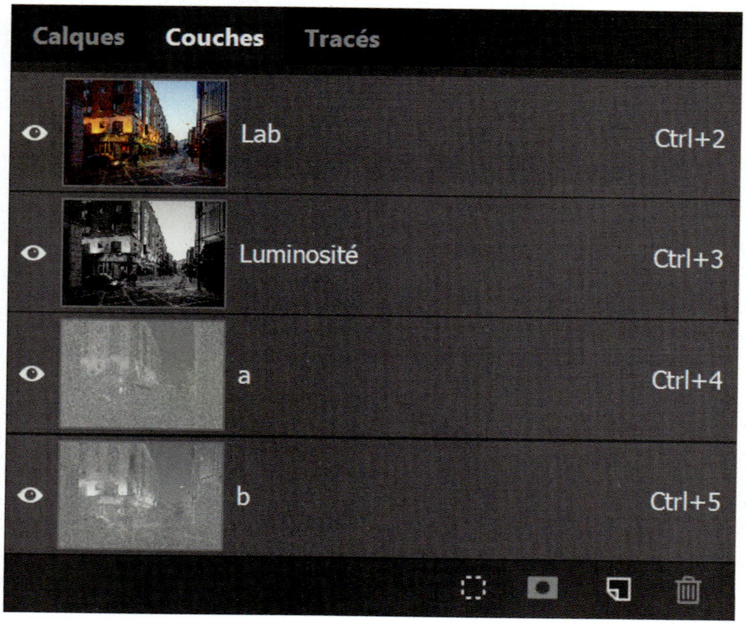

RÉDUCTION DU BRUIT ATTÉNUÉE PAR UN MASQUE DE LUMINANCE

Le bruit étant bien plus important dans les zones de basses lumières, leur appliquer un traitement plus appuyé tout en préservant les détails des zones claires moins bruitées est une idée naturelle. La technique est illustrée avec Photoshop, mais vous êtes libre d'utiliser le logiciel et l'outil de réduction du bruit de votre choix.

1 Le principe de la technique développée dans ce tutoriel est d'appliquer globalement la réduction du bruit de chrominance, mais d'atténuer le traitement en luminance en fonction des tonalités de l'image.

2 Ouvrez la photo du tutoriel précédent, dupliquez l'arrière-plan, appliquez la réduction du bruit de chrominance qui vous semble adaptée, dupliquez le calque ainsi nettoyé et convertissez-le en objet dynamique.

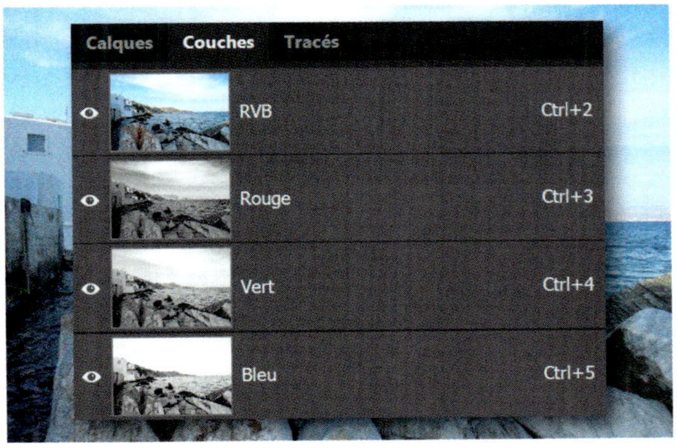

3 Passez dans le panneau **Couches** afin de sélectionner la luminance de la scène. Pour cela, faites **[ctrl]/[cmd]** + clic sur la vignette de la couche composite **RVB** et repassez dans le panneau **Calques**.

4 Placez-vous sur le calque supérieur et faites un **[alt]/[opt]** + clic sur le bouton de création de masque de fusion pour transformer la sélection en masque et l'inverser en une seule opération.

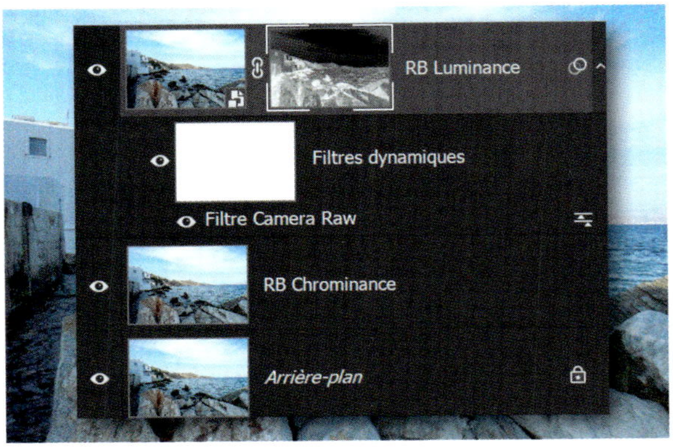

5 Lancez de nouveau le filtre de réduction du bruit (ici Camera Raw) et ajustez les réglages pour obtenir un résultat satisfaisant dans les ombres. Le masque atténuera l'effet dans les zones plus claires.

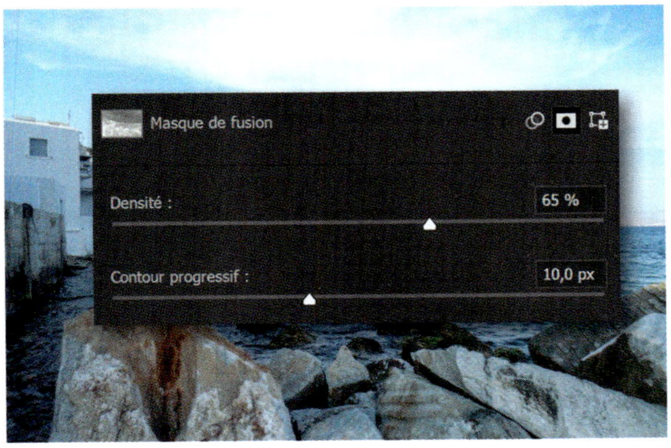

6 Si le résultat n'est pas idéal dans les tons clairs, utilisez les options de masque (qui s'inscrivent dans le panneau **Propriétés** dans Photoshop) pour atténuer ses contrastes et/ou réduire sa densité.

2 Accentuer la netteté

Impression de netteté et conditions de visualisation

L'impression de netteté est une notion complexe qui s'appuie sur la présence de détails fins, mais aussi sur la précision des contours. Qui plus est, elle dépend des conditions de visualisation de l'image. Ce premier sujet sur l'accentuation de la netteté démêle cet écheveau.

Netteté, acutance, pouvoir séparateur, piqué, résolution, définition… difficile de s'y retrouver parmi ces notions dont les sens semblent proches, mais ne le sont pas forcément. Tentons d'y voir un peu plus net !

DÉFINIR LA NETTETÉ

La notion de netteté met en jeu l'observateur et l'objet observé. En photographie, l'observateur est en premier lieu le système de prise de vue qui va capturer la scène, puis la personne qui regardera la photographie imprimée ou affichée sur un écran. Pour l'ensemble formé par l'objectif et le capteur de l'appareil photo, on parle de *pouvoir séparateur*, autrement dit de capacité à distinguer des détails très fins. Plus un objectif est performant, plus la résolution du capteur est élevée, plus les détails enregistrés de façon nette seront petits. Pour l'observateur humain, on parle généralement d'*acuité visuelle*. Le pouvoir séparateur et l'acuité visuelle sont mesurables de façon objective à l'aide de mires de résolution optique. Lorsqu'une photo est imprimée ou affichée, la quantité de détails fins qu'elle contient est également mesurable, mais ce n'est pas suffisant pour définir la netteté, ou plutôt l'impression de netteté qu'elle produira chez un observateur humain. En effet, celui-ci sera au moins aussi sensible à l'*acutance*, laquelle peut se définir par la visibilité et la précision des contours des objets que contient la photo. C'est d'abord cela qui fonde l'impression de netteté, comme le montre l'encadré ci-dessous.

Résolution, précision des contours et impression de netteté

J'ai fait subir à un extrait de la mire de résolution iso 12233 un filtre de flou afin de simuler une faiblesse de l'objectif. Sur l'image **A**, le flou gaussien est de 4 px de rayon. La perte de netteté est évidente, mais on distingue encore chacune des lignes circulaires. Sur l'image **B**, le flou est de 6 px de rayon, mais une accentuation de la netteté assez forte a été appliquée. On constate que les contours sont plus précis malgré le flou plus intense qu'ils ont subi, mais les lignes circulaires les plus fines se confondent, indiquant une moindre résolution. Malgré son déficit de détails fins, c'est pourtant bien l'image **B** qui donne une meilleure impression de netteté, ce qui souligne l'importance décisive de la précision des contours.

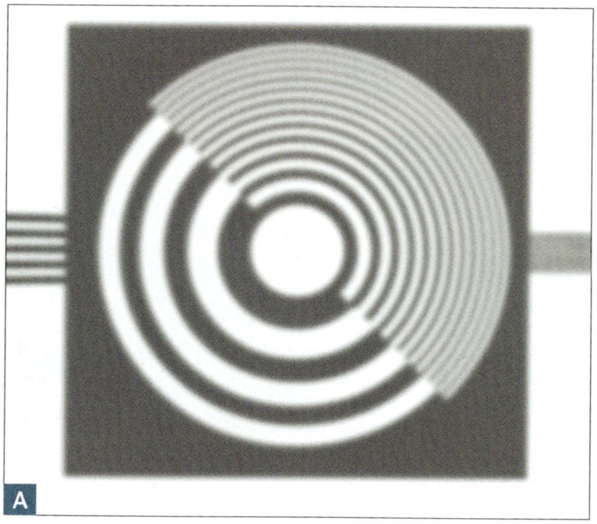
A

B

Impact de la taille de l'image sur l'impression de netteté

Lorsque vous réduisez la taille d'affiche de l'image, ou lorsque vous procédez à un redimensionnement, les plus petites échelles disparaissent et des éléments de plus grande échelle les remplacent en tant que plus fins détails. Cela s'accompagne de façon naturelle d'une amélioration de la netteté apparente, tout ou partie du flou des hautes fréquences étant éliminé. Pour illustrer ce phénomène, j'ai appliqué un flou gaussien assez fort à l'image ci-dessous, puis je l'ai redimensionnée à deux reprises sans lui appliquer le moindre traitement. On voit clairement que plus l'image est petite, meilleure est l'impression de netteté qu'elle procure.

Les algorithmes étant incapables de recréer des détails non enregistrés par l'appareil ou perdus lors des manipulations de l'image, c'est essentiellement sur l'acutance qu'ils s'appuient pour améliorer l'impression de netteté. Nous verrons dans le sujet suivant comment ils procèdent,

IMPACT DES CONDITIONS DE VISUALISATION

L'évaluation de la netteté de l'image recèle les mêmes pièges que l'estimation de la quantité de bruit évoquée dans la première partie du dossier. Avec des capteurs de plus en plus définis et des optiques incapables de fournir le "toujours plus" qui leur est demandé, l'examen des photos en zoom 100 % est de plus en plus décevant. Or, il faut avoir conscience qu'en observant une photo de 36 Mpx – définition désormais courante, même sur des smartphones – en zoom 100 % sur un écran de portable full-HD de diagonale 13", on voit un extrait d'une image mesurant plus d'un mètre de large ! Or, qui regarderait une photo aussi grande à 50 cm de distance ?

Pour maîtriser et mettre en œuvre de façon optimale les techniques d'accentuation de la netteté proposées dans les sujets suivants, il est important de comprendre que l'absence de netteté d'une image n'affecte que les détails au-delà d'une certaine fréquence. C'est la raison pour laquelle, même si elle a été prise avec un médiocre zoom de kit, une photo affichée en 800 px sur une galerie web a toutes les chances d'afficher un piqué correct. Une manière d'illustrer ce phénomène est décrite dans l'encadré ci-dessus. De façon alternative, mais équivalente, posez ce magazine verticalement, regardez le visuel de gauche de l'encadré de la page de gauche et reculez-vous progressivement. Le flou nettement perceptible à distance de lecture disparaît progressivement, l'œil n'étant plus capable de distinguer le niveau des détails flous. Pour toutes ces raisons, la netteté doit être accentuée sur l'image dans ses dimensions finales, ce qui lui vaut d'être nommée *accentuation de sortie*. Nous y reviendrons. ■

2 Accentuer la netteté

Déjouez les pièges de l'accentuation de la netteté

Les photons qui parviennent sur le capteur de l'appareil photo ignorent les avanies qu'ils vont subir avant de devenir une image. C'est à vous, photographe, qu'il revient de leur restituer la netteté perdue à toutes les étapes du flux de travail, notamment lors du rééchantillonnage.

L'accentuation de la netteté n'est pas une opération honteuse et facultative, elle est légitime et indispensable quelle que soit la destinée de la photo. Mais il faut savoir éviter les pièges pour ne pas lui faire plus de mal que de bien.

CAUSES PRINCIPALES DE LA PERTE DE NETTETÉ

Si ton image n'est pas nette, c'est que ton matériel n'est pas bon ou que tu as fait une mauvaise mise au point, lit-on régulièrement sur les forums. Ces hypothèses ne sont pas à exclure, car elles sont des sources évidentes de défaut de netteté. En revanche, elles sont loin d'être les seules et leur validité dépend fortement du contexte. S'il s'agit du manque de netteté d'une photo examinée en zoom 100 %, nous avons vu dans le premier sujet que c'est aussi logique qu'inévitable, qu'il n'y a pas lieu de paniquer et qu'il conviendrait plutôt de s'y résigner, la course aux pixels ne semblant pas terminée. Au pouvoir séparateur limité des optiques s'ajoutent l'effet du filtre passe-bas placé devant le capteur, les traitements contre le bruit appliqués par l'appareil sur le signal analogique, puis numérique, le dématriçage des données brutes, etc. L'addition de ces causes d'affaiblissement de la résolution ôte donc tout espoir d'obtenir une bonne netteté apparente en zoom 100 % sur l'image. Si la photo qui subit les critiques est une image affichée en 800 px ou 1200 px sur une galerie web et que la mise au point était correcte, il y a de fortes chances que le manque de netteté soit dû aux retouches appliquées à l'image – notamment la réduction du bruit, destructrice de détails – ou, plus probablement, au redimensionnement.

Redimensionnement et perte de netteté

Le redimensionnement fait automatiquement gagner de la netteté en éliminant le flou de très petite échelle, mais son effet sur les contours n'est pas toujours positif. Pour illustrer les risques de dégâts collatéraux, j'ai créé une image **A** composée de deux colonnes de 1 px et 2 px et d'un carré de 3 px. Sur l'image **B** après redimensionnement (zoomée pour que sa taille de visualisation soit identique à celle d'origine), on constate que les deux colonnes ont perdu leur précision, la première ayant même doublé de largeur (ce qui est paradoxal alors qu'on réduit la taille de l'image !). Il en va peu différemment pour le carré. L'accentuation est donc indispensable pour redonner à ces éléments la netteté perdue au cours du redimensionnement.

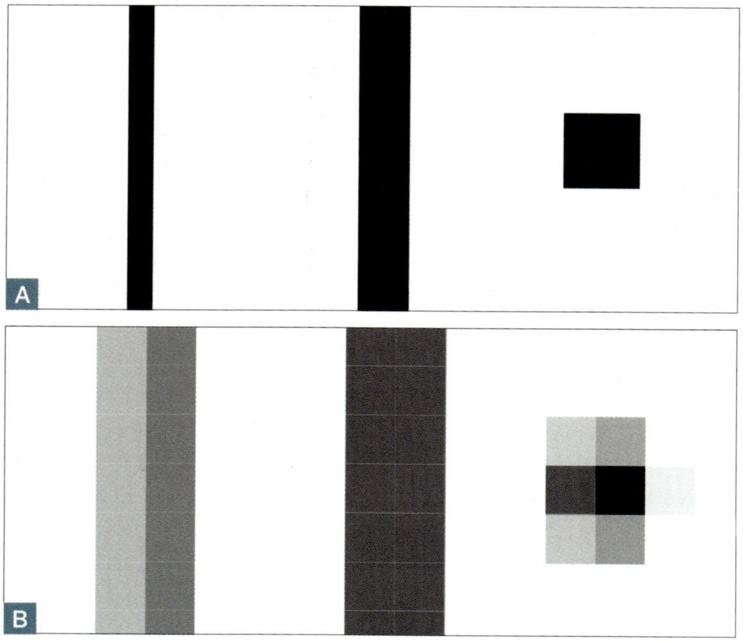

POURQUOI L'ACCENTUATION EST INDISPENSABLE

L'accentuation de la netteté passe donc encore trop souvent pour une tricherie, ce qui n'a aucun sens. C'est, à l'inverse, ne pas accentuer qui est une faute. Il s'agit en effet de restituer à la photo ce qu'elle a perdu tout au long du flux de travail, notamment lors de la dernière étape de redimensionnement en vue d'une publication en ligne ou d'une impression sur papier. Nous avons vu dans le sujet précédent que le redimensionnement éliminait tout ou partie des détails affectés par du flou, ce qui théoriquement ne peut qu'améliorer la netteté apparente. La réalité est moins favorable, car les fréquences devenues les détails les plus fins sont affectées par les algorithmes de redimensionnement, et les contours qui contribuent fortement à l'impression de netteté subissent des sorts divers et pas toujours enviables (encadré page précédente). Il s'agit donc de redonner aux détails fins et aux contours la précision qui leur a été ôtée.

QUATRE PIÈGES À ÉVITER

Déjà évoqué dans le sujet précédent et dans la partie sur la réduction du bruit, le premier piège à éviter est le *pixel peeping*, c'est-à-dire l'évaluation de la netteté de l'image en zoom 100 %. L'idée n'est pas de se l'interdire, mais si cette pratique n'est pas dénuée d'intérêt pour observer la structure du bruit, elle est inutile et potentiellement nocive s'agissant de la netteté. Elle est même critique pendant la phase de tri sélectif où les photos sont évaluées techniquement. Si vous ne conservez que les photos nettes en zoom 100 %, votre corbeille va se remplir très vite. Je vous suggère un examen à la taille maximale d'affichage ou d'impression à laquelle vous destinez vos photos, en sachant que l'accentuation est susceptible de les améliorer très sensiblement.

Le deuxième piège consiste à appliquer l'accentuation sur la photo à sa taille d'origine, et non à sa taille finale après redimensionnement. Si celui-ci est important, il y a de bonnes chances que l'effet de votre accentuation ait été totalement annihilé. L'encadré ci-contre illustre ce piège dans un cas moins caricatural. Nous évoquerons la situation particulière des fichiers Raw qu'il n'est pas possible de redimensionner, par définition des données brutes.

Le troisième piège est d'oublier l'impératif de réduction du bruit sans laquelle l'accentuation le ferait exploser.

Le dernier piège consiste à se laisser griser par l'effet impressionnant des outils d'accentuation, de trop en faire ou d'opter pour un rayon d'intervention très large qui induira un effet plus proche de l'augmentation de la clarté que de l'amélioration de l'impression de netteté – ce qui est un choix raisonnable quand il est fait consciemment. ■

Pourquoi accentuer l'image à sa taille finale

Les visuels ci-dessous montrent les contours sur lesquels s'applique une même accentuation de la netteté, de rayon *1 px* et de **Gain** *200* sur la photo originale (A) et sur la photo après redimensionnement (B). Les détails les plus fins de A ne sont plus présents dans B, et l'algorithme intervient bien plus fortement sur les contours de A que sur ceux de B. Si l'on redimensionne A après l'accentuation, une partie de l'effet disparaît et les contours fortement soulignés s'étalent et prennent un aspect artificiel. Accentuer l'image d'origine est sans doute le piège le plus dangereux.

A

B

2 Accentuer la netteté

Stratégies et outils d'accentuation de la netteté

Si les outils d'accentuation de la netteté ont tendance à se ressembler, la plupart adoptant un algorithme de type masque flou, leur objectif et leur mode de fonctionnement dépendent de la nature du fichier, mais aussi du type de logiciel qui les embarque.

Il est essentiel de distinguer la préaccentuation qui ne concerne que les fichiers Raw (les Jpeg ont déjà été préaccentués par le processeur de l'appareil photo) et l'accentuation de sortie qui s'applique sur l'image à sa taille finale.

LA PRÉACCENTUATION DES FICHIERS RAW

L'accentuation de la netteté des fichiers Raw est un problème qu'il est nécessaire d'examiner spécifiquement. Le processus de dématriçage des données brutes reconstitue une image RVB à partir de données parcellaires du fait du filtrage de Bayer, astuce pour récupérer les informations de couleurs (les photosites étant incapables de reconnaître celle d'un photon). Cette opération, qui s'ajoute aux différents traitements en amont que subit le signal – notamment pour réduire son bruit –, affecte la netteté des détails de la photo. Pour la lui restituer, les logiciels de développement appliquent une préaccentuation, sans le dire ou en laissant le photographe régler son intensité. À titre d'exemple, Adobe a opté pour une solution intermédiaire dans Lightroom et Camera Raw en proposant un outil **Netteté** complet qui laisse le photographe totalement libre, mais en suggérant une intensité par défaut non nulle. Pour autant, le considérer comme un outil classique serait une erreur, pour les raisons évoquées dans le sujet précédent : l'accentuation de sortie s'applique sur l'image à sa taille finale. C'est la raison pour laquelle on parle de préaccentuation Raw, et c'est aussi pour cela que les modules d'exportation des logiciels de développement intègrent souvent un outil d'accentuation – généralement très fruste, hélas. Avec la retouche locale, c'est la fonctionnalité qui laisse les logiciels de développement en retrait des éditeurs d'images et qui les prive d'une pleine autonomie. C'est a contrario ce qui fait la force de logiciels comme Photoshop ou Affinity Photo qui intègrent un module de développement des Raw qui bascule de façon naturelle dans le module d'édition

La Netteté de l'optique selon DxO PhotoLab

Impossible de proposer un dossier sur l'accentuation sans parler de l'outil **Netteté de l'optique** qu'embarque PhotoLab, le logiciel de développement de DxO. Son principe n'est pas d'accentuer globalement la netteté, mais de l'homogénéiser sur l'ensemble de l'image afin de compenser la chute du pouvoir séparateur des objectifs en périphérie, sur les bords et dans les angles. DxO dispose pour cela d'une cartographie du piqué des objectifs à toutes les focales et à toutes les ouvertures, intégrée dans les modules optiques et que l'on peut visualiser gratuitement sur le site *dxomark.com* (dont est tirée l'illustration ci-dessous). C'est une fonctionnalité exclusive et d'importance majeure pour les photographes dont la pratique exige une netteté sur tout le champ. Au contraire de la réduction de bruit PRIME, la **Netteté de l'optique** n'est pas réservée à la version Elite de PhotoLab.

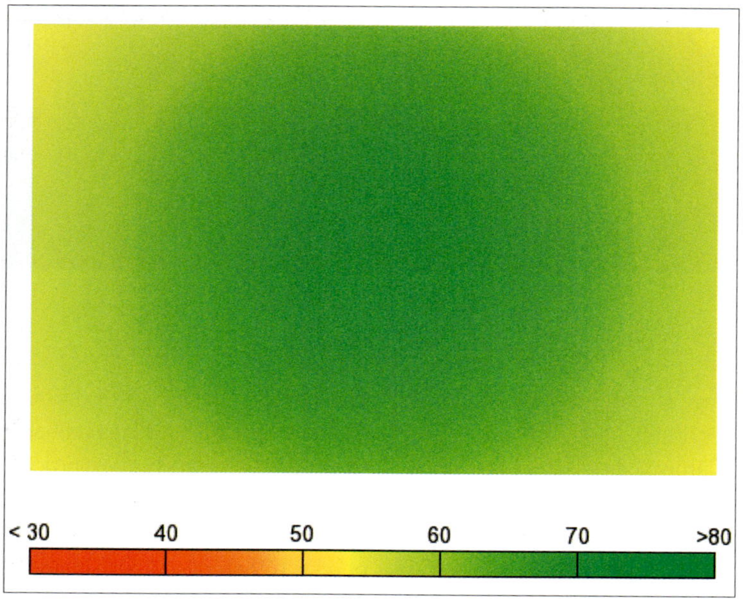

Fonctionnement de l'accentuation de la netteté par masque flou

Les algorithmes d'accentuation fonctionnant selon le principe du masque flou sont les plus courants. L'illustration ci-dessous met en évidence leur fonctionnement dans deux situations stylisées et fortement zoomées (chaque petit carré est un pixel). L'image **A** met en vis-à-vis un dégradé de gris et une zone uniformément grise sombre. En appliquant une accentuation de rayon *1 px* avec un gain de *200* (**B**), on constate que les deux colonnes de pixels formant la frontière sont fortement contrastées, les colonnes suivantes l'étant plus légèrement afin de rendre l'effet progressif. Avec un rayon de *3 px* (**C**), l'effet est de même nature, mais beaucoup plus fort avec une progressivité qui affecte plus de pixels. La simulation d'un contour un peu flou (**D**) met en évidence le même phénomène avec une accentuation de *1 px* (**E**) et de *3 px* (**F**) de rayon. On remarque que la densité du contour est renforcée, produisant – toute proportion gardée – le même effet visuel que les contours appuyés dans les dessins.

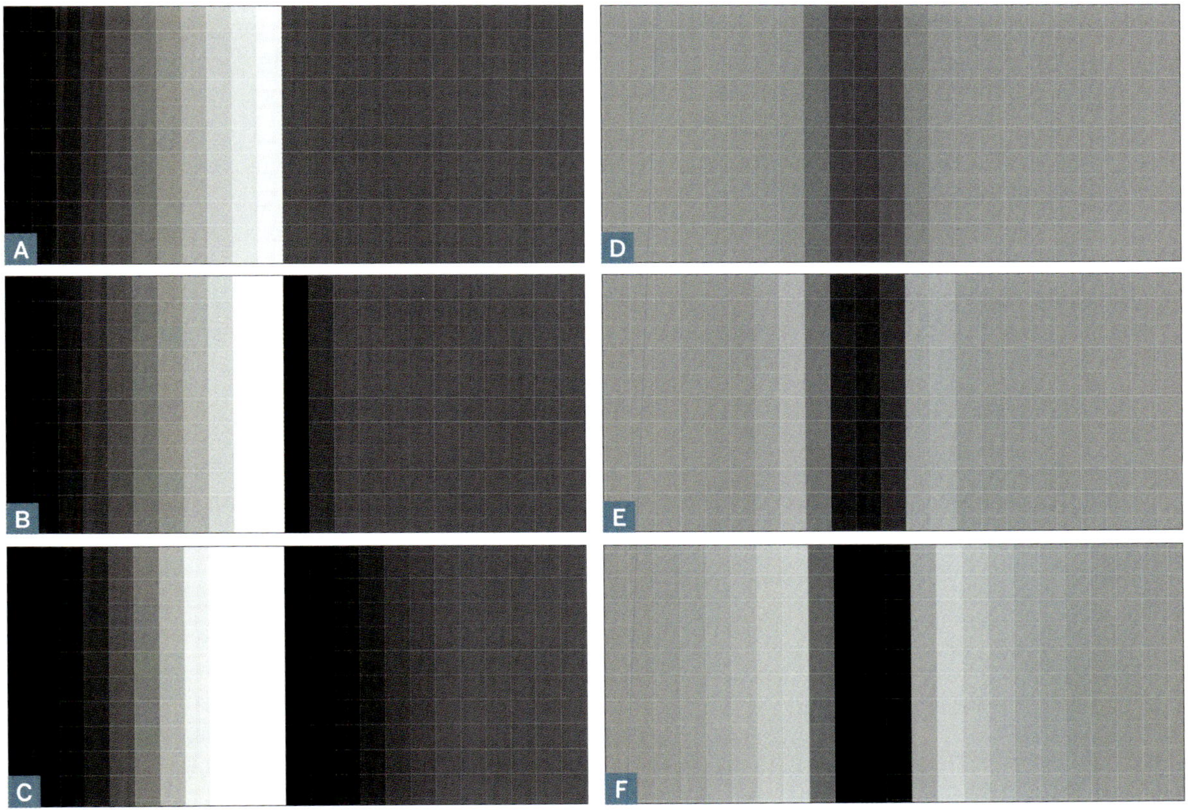

pour des retouches additionnelles comme l'accentuation. Nous verrons toutefois, dans le sujet suivant, comment optimiser la fin du flux de travail avec Lightroom.

L'ACCENTUATION DES JPEG

La plupart des outils d'accentuation s'appuient sur un algorithme de masque flou – dont l'effet est illustré dans l'encadré ci-dessus. Le principe est de repérer dans l'image les zones de contraste local à accentuer à l'aide d'un filtre passe-bas qui désigne les zones de flou, lesquelles sont soustraites à l'image. Le rayon du filtre passe-bas définit la taille des détails à accentuer. Ce rayon figure dans la palette de l'outil, accompagné de curseurs additionnels gérant l'intensité de l'effet (le gain) et d'éventuelles atténuations (seuil, masquage, etc.). Si la photo est destinée à un affichage sur écran, l'opération ne présente guère de difficulté – sinon celle de savoir ne pas aller trop loin. S'il s'agit d'une préparation pour une impression, je vous suggère d'afficher l'image à sa taille imprimée afin d'avoir une prévisualisation convenable de l'effet sur papier. Cela reste approximatif, mais c'est le mieux que l'on peut espérer avec des périphériques aussi différents. Plus votre écran est défini (Retina, 4K, etc.), plus la visualisation de l'effet de l'accentuation se rapproche du rendu sur papier.

Notez que vous n'êtes pas limité aux outils fournis par les éditeurs d'images. Libre à vous de confier l'accentuation de la netteté de vos photos à des outils spécialisés, au premier rang desquels figure Nik Sharpener Pro disponible dans la Nik Collection (*Compétence Photo n°66*). Son principal challenger est Topaz Detail, désormais intégré avec d'autres fonctionnalités dans Topaz Studio. Moins onéreux, AKVIS Refocus est également un bon choix. ■

2 Accentuer la netteté

Optimisez l'accentuation avec Lightroom

La préservation des données brutes par les logiciels de développement est une entrave à l'application d'une accentuation de sortie. Grâce à la richesse de son module d'exportation et moyennant une manipulation simple, Lightroom s'en tire avec les honneurs.

Non destructifs, les logiciels de développement sont incapables de redimensionner une photo pour lui appliquer une accentuation de sortie avec visualisation de l'effet.

LIMITATIONS DE LIGHTROOM

Pour préaccentuer la netteté des Raw, Lightroom propose un outil classique par masque flou, plutôt efficace. En revanche, l'accentuation présent dans le module d'exportation se résume au choix du support (écran ou papier) et du gain (faible, standard ou élevé). C'est assez pauvre, mais proposer un outil complet n'aurait pas de sens sans visualisation. C'est sur ce point que le bât blesse, car l'exportation est un processus "aveugle" pour les logiciels de développement – à tel point que nombre d'entre eux font l'impasse sur l'accentuation de sortie. Le module d'exportation de Lightroom recèle toutefois des solutions pour contourner ces limitations intrinsèques.

PILOTER DEPUIS LE MODULE D'EXPORTATION

Dans Lightroom, certaines options du gestionnaire d'emplacement d'exportation renvoient le fichier exporté dans le logiciel pour un éventuel traitement additionnel (encadré ci-contre). Ainsi, le fichier redimensionné peut bénéficier de l'outil **Netteté** dans les mêmes conditions de visualisation que la photo originale. Le seul désagrément de cette opération est qu'elle oblige à refaire une exportation de la photo, car les corrections de Lightroom ne sont jamais directement appliquées sur les pixels de l'image, même lorsqu'il s'agit d'un Jpeg. Pour éviter cette contrainte, une solution consiste à faire appel à un autre logiciel d'accentuation, l'envoi étant piloté par les options de post-traitement du module d'exportation. On voit dans l'encadré ci-contre que le fichier exporté est automatiquement envoyé au plug-in Nik Sharpener Pro. ■

Exploiter les outils du module d'exportation

Le module d'exportation de Lightroom recèle des options très intéressantes pour réaliser une véritable accentuation de sortie. La clé est dans le panneau **Emplacement d'exportation** qui propose d'ajouter l'image exportée dans le catalogue, dans le dossier de votre choix ou dans celui de la photo d'origine, éventuellement empilée avec elle. Avec les options de dénomination, vous singularisez le fichier exporté afin qu'il soit reconnaissable dans le catalogue. Il ne vous reste plus alors qu'à accentuer l'image exportée avec l'outil qui a déjà servi à la préaccentuation, mais cette fois sur l'image après redimensionnement. Vous contournez ainsi l'absence d'options de visualisation du module d'exportation.

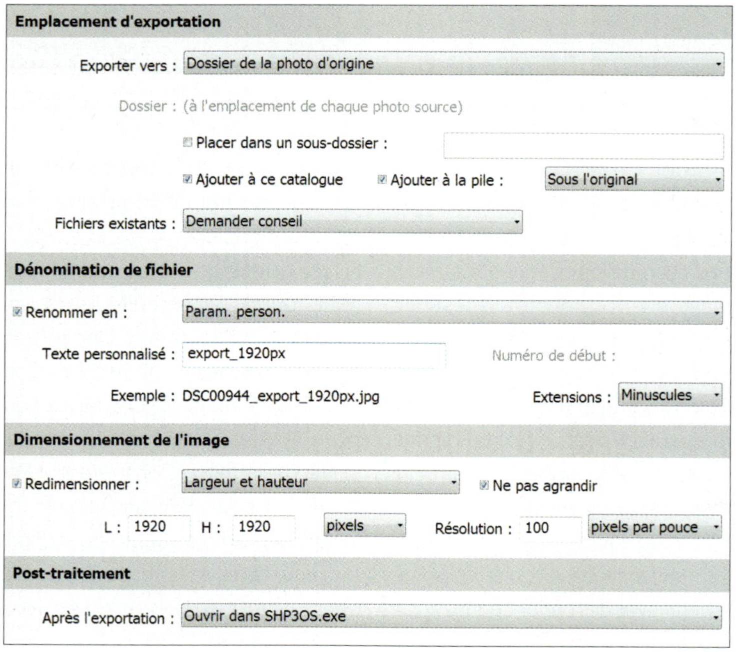

Téléchargez les images sur notre site
www.competencephoto.com

PRÉACCENTUEZ OU ACCENTUEZ LA NETTETÉ AVEC LIGHTROOM

L'outil **Netteté** de Lightroom est destiné à la préaccentuation Raw, mais il est parfaitement utilisable pour réaliser l'accentuation de sortie d'un Jpeg. Le principe est identique dans ces deux cas de figure. Notez que ce tutoriel est également réalisable avec Camera Raw qui possède les mêmes outils, avec une ergonomie différente.

1 Cette photo a été développée dans Lightroom, puis exportée en 1920 px comme décrit dans l'encadré de la page précédente. C'est donc une accentuation de sortie que vous allez lui appliquer.

2 Commencez par jouer avec la valeur du **Gain**, sans toucher aux autres curseurs. La valeur maximum produit un résultat scintillant, comme si tous les petits détails de la scène avaient été accentués.

3 Mettez *100* comme nouvelle valeur du **Gain** et poussez le curseur **Rayon** à son maximum. Le rendu est très artificiel, avec un soulignage grossier des contours. Ici, un rayon de *1 px* semble préférable.

4 Redonnez au rayon sa valeur par défaut (*1 px*) et observez l'effet du curseur **Détail** qui contrôle l'apparition de halos autour des détails accentués. À sa valeur maximale, le rendu est caricatural !

5 Le curseur **Masquage** est décisif pour choisir le type d'accentuation. Pour afficher le masque de contour comme ci-dessus, faites glisser le curseur **Masquage** tout en appuyant sur la touche **[alt]/[opt]**.

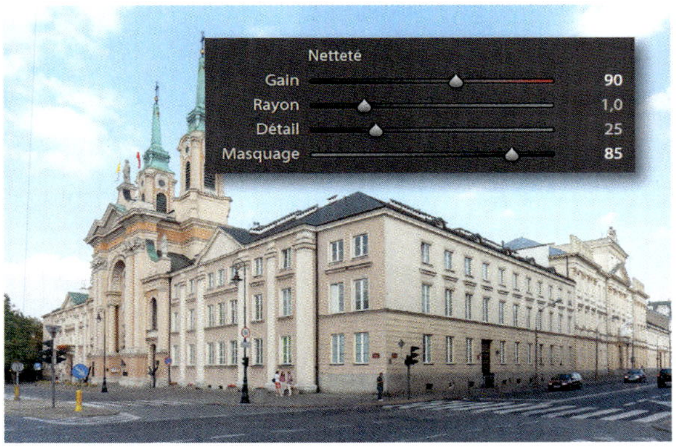

6 Avec une valeur forte du **Masquage**, vous concentrez l'effet de l'accentuation sur les contours principaux, au détriment des petits détails. En présence d'un paysage feuillu, un autre choix aurait pu être fait.

2 *Accentuer la netteté*

Accentuez la netteté des images Jpeg

Le maniement des curseurs des outils d'accentuation destinés aux fichiers Jpeg n'est pas difficile à maîtriser dès lors qu'on a su éviter les nombreuses chausse-trappes évoquées dans les sujets précédents. La **Netteté optimisée** de Photoshop est l'un des plus complets.

Le plus souvent basés sur un algorithme de masque flou, les outils d'accentuation se ressemblent tous, mais certains se distinguent avec des options additionnelles, ou vont encore plus loin dans la complexité.

QUEL LOGICIEL, QUEL OUTIL ?

Avant d'évoquer les outils d'accentuation, soyez particulièrement attentif à au redimensionnement. Choisissez la méthode de rééchantillonnage la mieux adaptée en veillant surtout à ce que le choix effectué pour l'image précédente soit toujours le bon, les logiciels proposant souvent par défaut le dernier algorithme utilisé. Dans le doute, passez en automatique pour éviter des désastres qui ne vous sauteront pas toujours aux yeux.

Tous les éditeurs d'images proposent des outils ou des filtres d'accentuation. Certains sont utilisables en un clic, comme **Contours plus nets** dans Photoshop. Évitez-les, car il est bien rare qu'une seule application suffise et le résultat produit par une application multiple n'est pas satisfaisant. Préférez toujours les outils qui vous offrent un contrôle de l'intensité et du rayon d'action. Ceux basés sur le masque flou sont des valeurs sûres. La **Netteté optimisée** de Photoshop en fait partie, renforcée par plusieurs fonctionnalités additionnelles (encadré ci-contre).

POUR ALLER PLUS LOIN

Déjà évoqué dans le sujet précédent, le plug-in Nik Sharpener Pro est un must pour l'accentuation – vous en trouverez un décryptage dans *Compétence Photo n°66.* Notez que la version 2012 est gratuitement mise à disposition par DxO. Si vous aimez expérimenter les outils puissants et/ou complexes, plongez-vous dans l'incroyable arsenal d'outil de G'MIC. Ce plug-in pour GIMP contient pas moins de 520 outils, dont une quarantaine dédiée à l'accentuation. Si passer par GIMP ne vous attire pas, notez que G'MIC est également disponible pour le logiciel libre Krita ainsi que pour le bien plus simple PAINT.NET. ■

Exploitez la Netteté optimisée de Photoshop

Si le filtre de réduction du bruit de Photoshop ne restera pas dans les mémoires, celui dédié à l'accentuation est d'excellente facture. La base de l'outil **Netteté optimisée** est un masque flou, mais Adobe l'a sérieusement renforcé. Tout d'abord en intervenant sur trois types de flou : gaussien, directionnel et flou de l'objectif (sélectionné par défaut). Ensuite en ajoutant un curseur de réduction du bruit qui, s'il ne fait pas de miracle sur les images lourdement affectées, suffira pour éliminer un bruit léger. Enfin, dans les options avancées, **Netteté optimisée** vous autorise à différencier l'accentuation selon les tonalités de l'image avec deux groupes de curseurs dédiés aux tons foncés et aux tons clairs. Le tutoriel ci-contre met en pratique les options de cet outil.

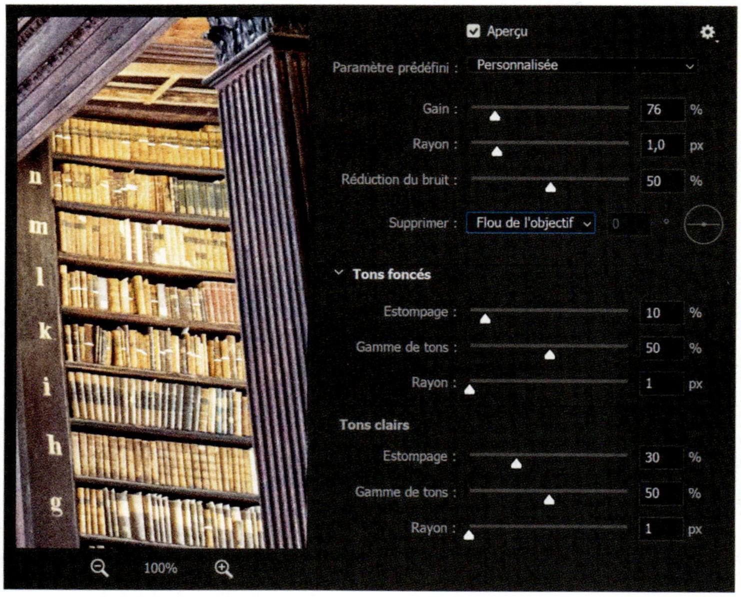

Téléchargez les images sur notre site
www.competencephoto.com

RÉALISEZ UNE DOUBLE ACCENTUATION AVEC LA NETTETÉ OPTIMISÉE

Ce tutoriel réunit l'outil **Netteté optimisée** de Photoshop et une technique évoquée dans le dernier sujet : l'accentuation progressive. L'idée ici est d'accentuer deux niveaux de détail : les plus fins pour les faire croustiller et de plus gros détails pour accentuer les contours et améliorer ainsi la sensation de netteté.

1 Cette photo de la Skyline de New York a été prise en fin de journée. Le reflet du soleil couchant est sympathique, mais l'image ne donne pas une bonne impression de netteté. Le filtre **Netteté optimisée** va l'améliorer.

2 Convertissez le calque d'arrière-plan en objet dynamique et lancez le filtre **Netteté optimisée** (menu **Filtre | Renforcement**). Pour accentuer les plus fins détails, choisissez un **Rayon** de *1 px* et un **Gain** de *100 %*.

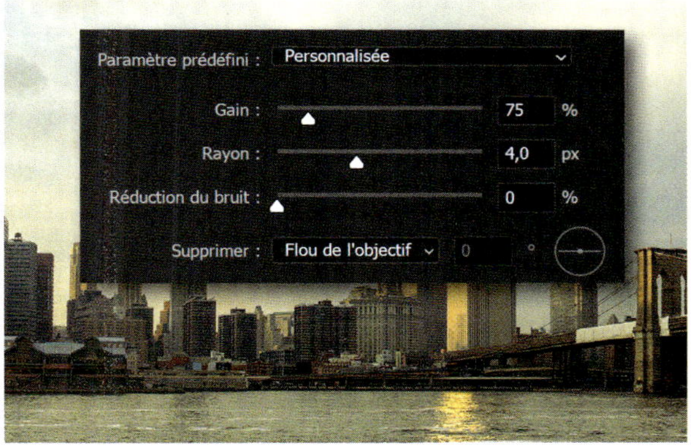

3 Relancez le filtre **Netteté optimisée** pour compléter l'effet en accentuant les contours. Un rayon de *4 px* semble convenir pour cette photo, et un **Gain** de *75 %* s'avère suffisant. Examinons le résultat.

4 En zoom 100 %, on constate que l'accentuation des contours a créé quelques halos surtout visibles dans les zones les plus claires. Utilisons les réglages additionnels **Tons foncés/Tons clairs** pour les atténuer.

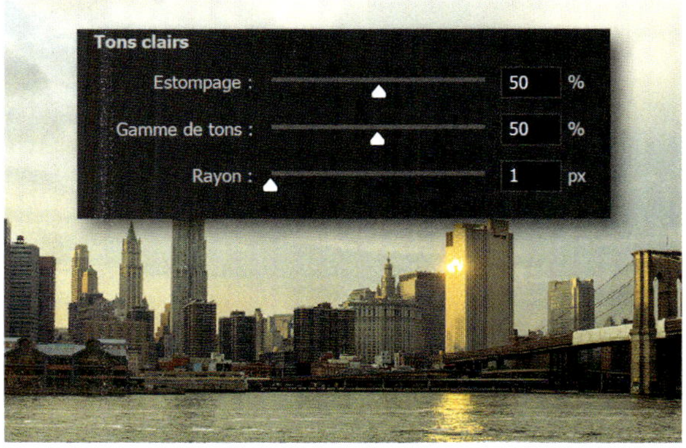

5 Estomper l'effet de l'accentuation sur les tons foncés n'a pas d'effet sur les halos. C'est bien sur les tons clairs qu'il faut intervenir. Ici, un **Estompage** de *50 %* sur la moitié de la **Gamme de tons** est bien adapté.

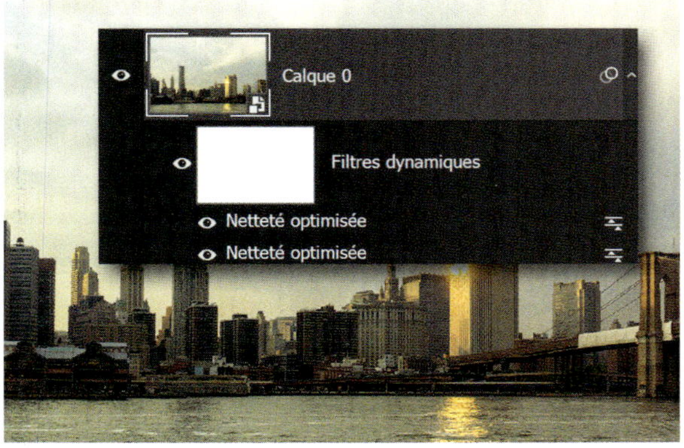

6 Le résultat reste modifiable à l'envi grâce à la nature dynamique des deux filtres **Netteté optimisée**. Convertir un calque en objet dynamique est fondamental quand des filtres doivent lui être appliqués !

2 Accentuer la netteté

Techniques avancées d'accentuation

Des outils évolués comme la **Netteté optimisée** de Photoshop sont en mesure de faire face à la plupart des situations. Pour autant, certaines techniques avancées sont en mesure d'aller plus loin, d'être plus précises ou encore de différencier l'accentuation selon les zones de l'image.

Si les outils d'accentuation sont performants, les calques, les masques et les modes de fusion offrent un contexte très puissant pour mettre en œuvre des techniques avancées.

ACCENTUATION LOCALISÉE

Il arrive qu'une accentuation globalement bien dosée soit un peu trop forte à certains endroits. Pour l'atténuer, il faut a minima que le filtre ait été appliqué sur un calque dupliqué (ou une copie fusionnée de la pile de calques), idéalement converti en objet dynamique afin que le filtre le devienne également, bénéfice de la réversibilité et soit automatiquement doté d'un masque de fusion. Il suffit alors de peindre le masque avec une nuance de gris adaptée, ou plus efficacement avec du noir et un pinceau à très faible dureté, afin d'atténuer localement l'effet de l'accentuation.

ACCENTUATION PROGRESSIVE

Une technique avancée qui mérite d'être testée sur les photos affectées d'un flou important est l'accentuation progressive qui consiste à appliquer plusieurs fois un filtre en faisant varier le rayon et le gain (encadré ci-contre). L'utilisation de filtres dynamiques simplifie là encore l'opération et la rend réversible, comme pour les calques de réglage. Pour ajuster les valeurs du rayon et du gain de l'un des filtres, ouvrez sa boîte de dialogue par un double clic sur son intitulé. Le choix des rayons dépend de la photo, mais une triple accentuation avec des rayons de *1 px*, *3 px* et *50 px* est typique.

FILTRAGE PASSE-HAUT

L'utilisation du filtre passe-haut en mode de fusion **Incrustation** est un classique de l'accentuation de la netteté. Au lieu de supprimer le flou comme les algorithmes de masque flou, l'idée est ici de repérer les contrastes locaux à l'aide d'un filtre passe-haut, puis de les renforcer. La technique s'appuie sur une propriété du mode de fusion **Incrustation** : le gris neutre devient sans effet sur les calques inférieurs, les nuances plus sombres renforcent la densité des pixels et les nuances plus claires l'atténuent. Le tutoriel ci-contre met en œuvre cette technique pour une accentuation progressive en deux étapes. ■

Accentuation multiple en filtres dynamiques

L'accentuation en une passe a le défaut de ne considérer qu'un seul niveau de détails. Une méthode alternative consiste à appliquer plusieurs filtres d'accentuation avec des rayons différents et des gains modérés. En photographie de paysage, l'accentuation progressive peut ainsi renforcer les détails fins, les contours et la clarté (avec un rayon élevé).

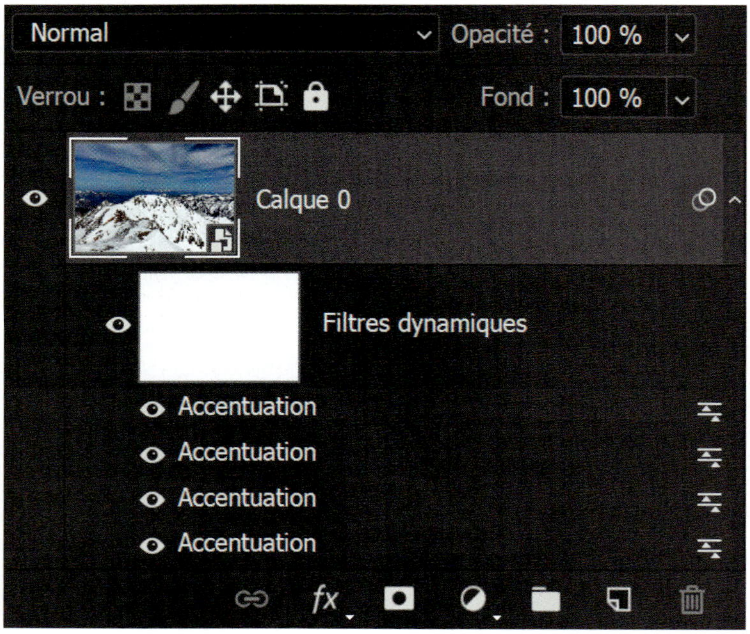

Téléchargez les images sur notre site
www.competencephoto.com

AMÉLIOREZ LA CLARTÉ ET LA NETTETÉ AVEC UN FILTRE PASSE-HAUT

Ce tutoriel vous invite à régler deux problèmes différents, mais pouvant bénéficier d'une même technique paramétrée différemment. Son principe est d'accentuer les détails au moyen d'un filtre passe-haut placé en mode de fusion **Incrustation**. Vous allez successivement améliorer la clarté, puis l'impression de netteté de l'image.

1 À quoi bon accentuer les détails fins et les contours de cette photo plongée dans la brume ? Pour que cela ait un effet, tentons de lui donner de la clarté en détournant l'usage classique du filtre passe-haut.

2 Dupliquez le calque d'arrière-plan, convertissez-le en objet dynamique et lancez le filtre passe-haut logé dans le menu **Filtre | Divers**. Dans la boîte de dialogue, choisissez un gros rayon de *50 px*, et validez.

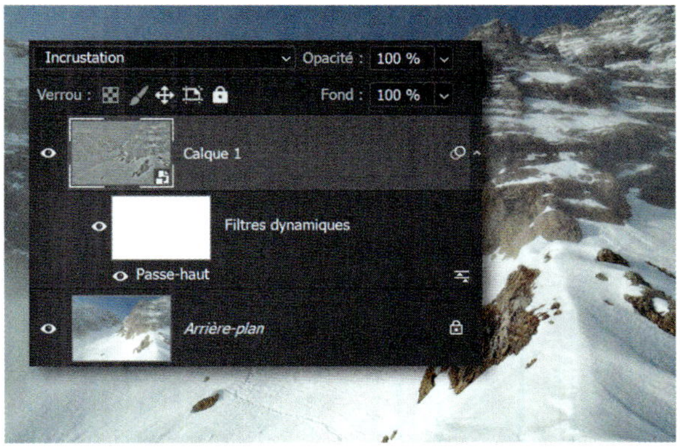

3 Le filtre passe-haut s'inscrit en tant que filtre dynamique. Passez le calque en mode de fusion **Incrustation**. L'effet est évident : la brume semble s'être partiellement levée, et des détails apparaissent.

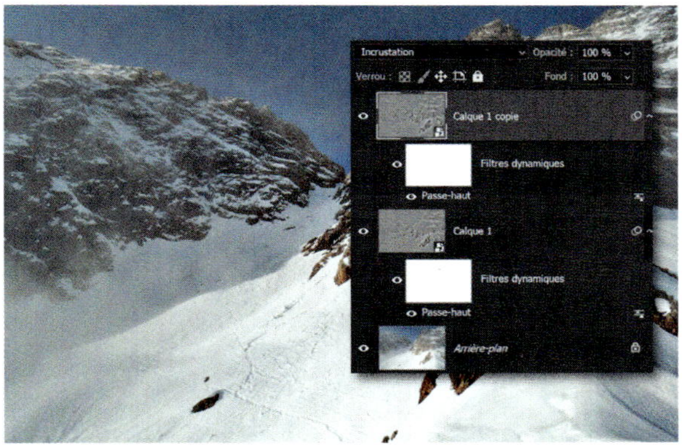

4 Accentuer les détails est désormais du domaine du possible. Pour cela, dupliquez le calque contenant le filtre avec un **[ctrl]/[cmd]** + **[j]**. L'effet doublé est bien trop puissant, mais c'est transitoire.

5 Faites un double-clic sur l'intitulé du filtre du calque dupliqué afin d'ouvrir sa boîte de dialogue. Cette opportunité est due à la nature dynamique du filtre, obtenue grâce au calque en objet dynamique.

6 Passez la valeur du **Rayon** de *50 px* à *5 px* pour souligner les contours et améliorer l'impression de netteté. Un rayon plus petit serait ici inopérant, les plus fins détails étant masqués par la brume résiduelle.

DxO

NIK COLLECTION 2 • PHOTO LAB 2

Maîtrisez la suite logicielle

Avec l'acquisition de la Nik Collection et son intégration à PhotoLab, c'est une véritable suite logicielle que propose désormais DxO Labs. Avant d'étudier les fonctions avancées de PhotoLab dans la seconde partie, examinons les autres éléments de cet écosystème.

PAR **PATRICK MOLL**

Si les modules optiques ont fait la renommée de DxO Labs, l'univers logiciel de l'éditeur français s'est considérablement étendu, la Nik Collection rachetée à Google et désormais disponible en version 2 étant un atout majeur pour les retouches créatives.

1 DxO LABS, UNE HISTOIRE FRANÇAISE

Les entreprises technologiques françaises sont rares dans le domaine de l'imagerie numérique. Créée il y a une quinzaine d'années, DxO Labs est l'une des plus belles réussites, le succès de ses logiciels ayant largement dépassé les frontières hexagonales. Pour autant, tout n'a pas été simple pour s'imposer dans un univers logiciel très disputé où figurent des ténors commerciaux et plusieurs concurrents gratuits crédibles. DxO s'est tout de suite distingué par ce qui constituait son coeur de métier : la correction des défauts optiques. Précieux à une époque où quasiment aucun logiciel ne proposait cette fonctionnalité, les modules optiques conservent aujourd'hui leur pertinence et leur originalité grâce à la qualité et à l'exhaustivité du protocole d'analyse mis en place par DxO Labs (encadré ci-contre). L'un de ses points forts est la caractérisation de la netteté des objectifs (à toutes les focales pour les zooms) dont est issue une fonction exclusive : l'homogénéisation automatique du piqué, précieuse pour les paysages, la photo urbaine ou d'architecture. Intégrés au bien nommé Optics Pro, logiciel de développement historique de DxO, les modules optiques ont été rejoints au fil des versions par plusieurs fonctionnalités de très haut niveau qui constituent aujourd'hui les points clés de son successeur PhotoLab : la réduction du bruit, la qualité des automatismes et les corrections locales qui s'appuient sur la technologie U Point. PhotoLab est aujourd'hui l'un des principaux concurrents de Lightroom, en ayant l'avantage d'être disponible en licence perpétuelle. Dans *Compétence Photo n°68*, nous vous avons proposé un guide pour bien débuter avec PhotoLab. Ce dossier complémentaire a un double objectif : étendre le propos à tout l'écosystème logiciel de DxO et explorer le potentiel de PhotoLab pour les retouches complexes. Le principal

L'analyse du matériel photo, au cœur de DxO

La notoriété de DxO Labs doit beaucoup aux corrections optiques que l'éditeur a portées au plus haut niveau en caractérisant les couples boîtier/objectif (et non les objectifs de façon générique, comme ses concurrents) et en mesurant également le défaut de piqué. PhotoLab tire un grand profit de l'évaluation des capteurs et du potentiel des fichiers Raw : le dématriçage est de grande qualité et la réduction du bruit – dont une partie essentielle est réalisée sur les données brutes – est sans équivalent à ce jour. Loin de se limiter à la notation et aux mesures mises à disposition sur DxOMark, l'analyse poussée du matériel photo bénéficie pleinement à l'écosystème logiciel de DxO !

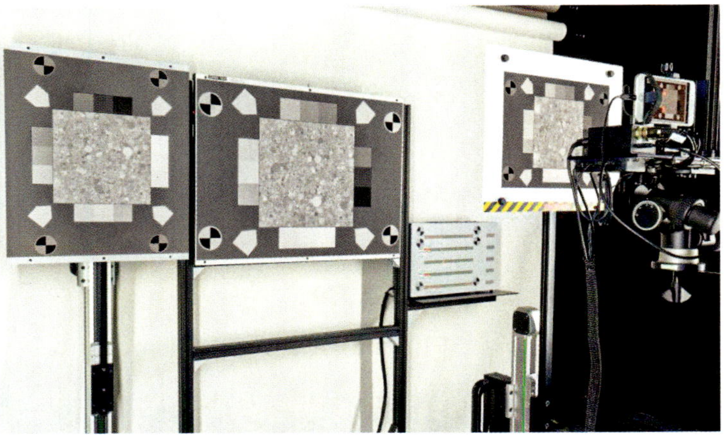

inconvénient des logiciels de DxO étant l'absence de catalogage, nous verrons en clôture de cette première partie comment articuler PhotoLab et Lightroom qui, s'ils sont concurrents, sont également complémentaires à tel point que DxO Labs a développé un module externe pilotant la communication entre les deux entités.

2 L'ÉCOSYSTÈME LOGICIEL DE DxO LABS

Si PhotoLab, successeur d'Optics Pro, est le principal logiciel de DxO Labs, il est épaulé par d'autres logiciels pour former un ensemble cohérent et complémentaire. C'est d'abord **FilmPack** qui a fait entrer DxO dans l'univers de la retouche créative, même si l'objectif initial était tout autre : simuler avec une grande précision le rendu des films argentiques. Le logiciel s'est rapidement chargé d'outils additionnels afin que chacun crée ses propres rendus couleur ou noir et blanc. Malgré de rudes concurrents comme Silver Efex Pro, FilmPack est aujourd'hui un outil prisé pour la conversion en noir et blanc grâce à l'originalité de certains de ses outils.
La création de **ViewPoint** en 2012 est une déclinaison centrée sur les modules optiques qui sont ainsi rendus disponibles dans une entité logicielle autonome ou en tant que plug-in dans Photoshop, Lightroom et quelques autres hôtes compatibles. Outre la correction des défauts optiques, le redressement des perspectives est un point fort que n'a pas minoré l'outil Upright de Lightroom et Camera Raw.
Avec le rachat à Google de la collection de plug-ins **Nik Collection**, DxO a remarquablement complété son offre logicielle en proposant un impressionnant arsenal d'outils créatifs et en intégrant la technologie U Point à la retouche locale de **PhotoLab** – dont l'absence aura longtemps été sa principale faiblesse.
À cet écosystème désormais bien complet, il conviendrait d'ajouter le banc d'essai **DxO Analyzer**, mais celui-ci s'adresse aux professionnels et aux fabricants d'appareils photo, d'objectifs ou de

L'interface multifonctions de DxO FilmPack

Si DxO FilmPack est a priori dédié à la simulation des films argentiques, son potentiel est loin de se limiter à cela. La retouche locale fait défaut, mais vous disposez dans la palette **Développement** d'un panel d'outils de corrections globales suffisant dans la plupart des situations. Pour y accéder, cliquez le bouton **Modifier les réglages de l'image** dans le bandeau supérieur. Celui-ci rassemble l'essentiel des commandes, groupées de façon thématique : **Enregistrer**, **Comparer**, **Zoomer**, **Modifier**, **Naviguer** et **Afficher**. Dans le groupe **Modifier**, outre l'accès au panneau des réglages, vous disposez d'outils d'alignement de l'horizon, de rotation et de recadrage. Les options d'enregistrement concernent l'image, mais également les réglages : si l'une de vos créations vous semble mériter d'être pérennisée, enregistrez-la dans la catégorie **Mes rendus** à côté des films argentiques. Notez également que le menu du clic droit propose une exportation directe vers Facebook ; entrez au préalable vos identifiants dans les **Préférences** de FilmPack.

smartphones qui désirent évaluer leurs matériels ou y intégrer des corrections automatiques. Qui plus est, il appartient à DxOMark Image Labs qui est à présent une entité indépendante de DxO Labs. Pour la même raison, nous ne ferons qu'évoquer le petit appareil photo connecté DxO One, seule – et peut-être dernière – incursion de DxO dans le matériel.

Avant d'aborder les fonctions avancées de PhotoLab dans la seconde partie, nous allons explorer le potentiel et les nouveautés des autres éléments de l'écosystème DxO, que nous avons rarement l'occasion d'évoquer dans *Compétence Photo*.

3 DxO FILMPACK, MÉMOIRE DES FILMS ARGENTIQUES

Difficile de titrer cette section sans que cela ne donne une image très réduite du champ d'intervention de DxO FilmPack. Si j'ai choisi de mettre en exergue les films argentiques, c'est parce qu'ils sont la raison d'être et la principale originalité du logiciel. FilmPack n'a rien moins que l'ambition d'offrir la simulation la plus aboutie et la plus fidèle des films argentiques. Pour y parvenir, l'éditeur a fait appel à des labos pour produire un grand nombre de tirages et de scans haute résolution qu'ils ont ensuite analysés et modélisés. Le résultat est impressionnant et a été salué par de nombreux photographes professionnels. Plusieurs films ayant cessé d'être produits depuis le lancement de FilmPack, celui-ci a pris une dimension supplémentaire de préservation de la mémoire de ces films historiques, couleur ou noir et blanc, positifs ou négatifs.

Pour autant, FilmPack ne se réduit pas au choix d'un rendu argentique : ce n'est que l'étape initiale du traitement de la photo pour lequel vous disposez d'un panel d'outils pléthorique, que vous envisagiez des corrections classiques ou créatives. Le choix d'un film est d'ailleurs facultatif, ce que l'on découvre en basculant dans le mode **Modifier les réglages de l'image**. Dans la palette **Film**, vous êtes libre de choisir l'option **Aucun rendu film**, ou de cuisiner l'un d'entre eux à votre goût en modifiant l'intensité – la valeur médiane du curseur correspond au film tel qu'il a été caractérisé – et le grain.

Si les rendus vintages vous plaisent, vous trouverez quantité d'effets graphiques et optiques pour produire des rendus très originaux. DxO n'a pas lésiné sur les textures de papier, les fuites de lumière typiques des appareils anciens, ou encore les effets de vignetage et de flou partiel.

Si vous préférez réaliser une retouche classique, que vous partiez ou non d'un rendu argentique, vous trouverez dans la palette **Développement** un jeu de réglages complet pour corriger la lumière, les couleurs et les contrastes – y compris le micro-contraste et le contraste fin qui donneront du tonus à vos images sans les caricaturer. Pour aller plus loin, vous disposez d'un réglage **TSL** pour ajuster la teinte, la saturation et la luminance sur six plages de couleurs, ainsi qu'une **Courbe des tonalités**. En mode noir et blanc s'ajoute un mélangeur de canaux pour affiner la conversion en contrôlant

FilmPack, maître de la simulation argentique

La génération de photographes qui a grandi avec le numérique ne connaît souvent de l'argentique que les filtres "typés vintage" à appliquer en un clic, passant ainsi à côté de la grande richesse des films argentiques. DxO Labs a réalisé un incroyable travail de caractérisation, mais aussi de documentation de la plupart des films (les informations s'affichent dans le volet latéral gauche lorsque vous choisissez un preset dans l'explorateur). On voit ci-dessous combien les films argentiques étaient singuliers et à quel point le choix d'une pellicule était déterminant pour le rendu de la photo. FilmPack fait revivre un univers progressivement englouti à mesure que les films cessent d'être fabriqués.

la transformation de chaque teinte en une nuance de gris. Hors périodes de promotion (assez régulières), DxO FilmPack coûte 79 €. Ce n'est pas rien, mais outre le fait que la licence est perpétuelle, c'est un logiciel totalement abouti que vous pourrez conserver en l'état de longues années sans besoin de le mettre à jour. Pour conclure, je ne résiste pas à la tentation de vous faire remarquer la grande variabilité des rendus argentiques – un extrait figure dans l'encadré page précédente –, qu'il s'agisse de la lumière ou des couleurs, sans qu'aucun puisse être considéré comme plus conforme que les autres à la réalité. Il en va de même en numérique avec les interprétations issues du Raw, malgré la croyance tenace qui fait du Jpeg produit par le processeur de l'appareil un absolu. Si vous lisez régulièrement *Compétence Photo*, vous devriez être convaincu qu'il n'en est rien.

.

4 DxO VIEWPOINT, LE MAÎTRE DES PERSPECTIVES

DxO Labs a créé ViewPoint pour deux raisons : rassembler dans une interface dédiée tous les outils de corrections optiques et géométriques, et rendre accessibles ses modules optiques au plus grand nombre sans imposer l'achat d'Optics Pro – le tarif était assez élevé à l'époque. Aujourd'hui, plusieurs logiciels de développement intègrent des corrections automatiques des défauts optiques, ce qui réduit l'intérêt de ViewPoint pour ce seul usage. En revanche, l'ensemble d'outils de corrections géométriques reste sans équivalent pour la photographie urbaine ou d'architecture, et plus généralement pour les photos prises au grand-angle – les plus affectées par les déformations. Le seul outil de redressement des perspectives (mis en œuvre dans le tutoriel ci-contre) peut valoir l'investissement tant il est devenu puissant au fil des versions, avec une option automatique bluffante et, en complément, un ensemble de réglages

DxO ViewPoint, un must pour les corrections optiques et géométriques

DxO ViewPoint n'est pas le plus connu des logiciels de DxO Labs, car il s'adresse en priorité à un public et des pratiques pour lesquelles les corrections optiques et géométriques sont essentielles : photo urbaine ou d'architecture, reprographie, etc. En réalité, toutes les photos tirent un bénéfice de ViewPoint, qui est disponible en application autonome ou en plug-in pour les logiciels d'Adobe. Les corrections automatiques, y compris celles des perspectives, sont remarquablement efficaces, la correction de la déformation de volume étant même une exclusivité. L'essayer, c'est l'adopter, et c'est précisément ce que vous propose le tutoriel ci-contre.

Téléchargez les images sur notre site
www.competencephoto.com

CORRIGEZ LES PERSPECTIVES ET DÉFORMATIONS AVEC DXO VIEWPOINT

DxO ViewPoint est un must pour les corrections optiques et géométriques. Sur une photo qui offre peu de repères verticaux et horizontaux, vous allez tester une technique manuelle, puis les outils automatiques pour corriger les perspectives, le rapport d'aspect et la déformation de volume.

1 Avec son bâtiment central original et sans repères géométriques évidents, cette photo prise au grand-angle est un casse-tête pour le redressement des perspectives et la correction des déformations.

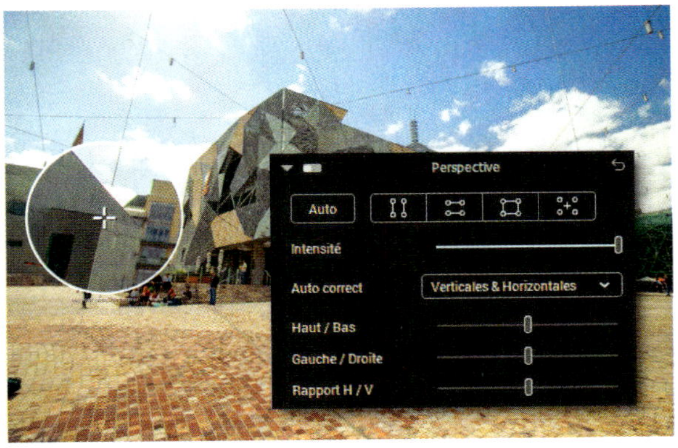

2 Dans la palette **Perspective**, activez l'option **Forcer les parallèles verticales** et aidez-vous de la loupe automatique pour définir deux verticales sur les bâtiments de second plan, à gauche et à droite.

3 Cliquez sur **Appliquer** pour lancer le redressement. Si la palette **Recadrage** n'est pas active, tous les pixels de l'image redressée s'affichent. Activez le recadrage pour la retailler automatiquement.

4 En zoomant sur les personnes, on constate que l'image est tassée. Dans la palette **Perspective**, poussez le curseur **Rapport H/V** jusqu'à *20* pour redonner aux personnes une silhouette conforme.

5 Annulez les étapes précédentes et cliquez sur le bouton **Auto** de la palette **Perspectives**. Malgré la difficulté posée par le bâtiment central, le résultat de l'automatisme est impressionnant.

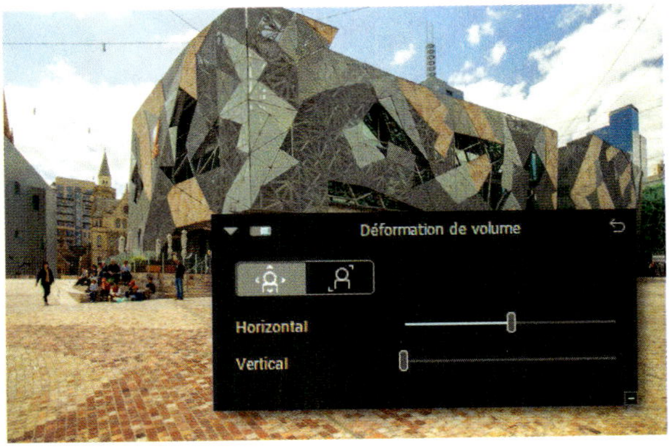

6 Pour rétablir des proportions conformes à la réalité, faites appel à la palette **Déformation de volume**. Là encore, un simple clic sur le bouton de l'option **Horizontal/Vertical** produit le résultat espéré !

précis et efficaces pour venir à bout des situations les plus difficiles.

À la correction classique de la distorsion, ViewPoint ajoute celle (exclusive) de l'anamorphose de volume qui affecte les bords de l'image avec des déformations très dommageables lorsqu'elles concernent des personnes. L'exemple typique est la photo de groupe prise au grand-angle où les malheureux situés aux extrêmes se retrouvent avec des têtes élargies. Cette correction ne pouvant être automatisée, c'est à vous qu'il revient d'ajuster finement sa forme (horizontale/verticale ou diagonale) et son intensité. Citons encore le redressement automatique de l'horizon et, plus anecdotique dans un contexte photo, l'effet miniature qui donne à votre photo un effet de maquette par manipulation du flou de mise au point. Si votre pratique photo tire un grand bénéfice de ces fonctionnalités et que PhotoLab ne figure pas dans votre flux de travail, y intégrer ViewPoint est à considérer. Notez qu'à l'instar de FilmPack, il est disponible en application autonome ou en tant que plug-in pour Photoshop, Lightroom et quelques autres logiciels compatibles. Il vous en coûtera là encore 79 € hors périodes de promotion.

5 LA NIK COLLECTION PASSE EN VERSION 2

Lorsque DxO Labs a racheté la Nik Collection à Google en 2017, elle était dans un état d'abandon faute d'avoir été mise à jour et rendue pleinement compatible avec les versions successives des systèmes d'exploitation. Après une première version stabilisée que nous avons longuement explorée dans le grand dossier pratique de *Compétence Photo n° 66*, la voici dans une version 2 qui change sérieusement la donne. Si les fondamentaux restent les mêmes et si aucun nouveau plug-in n'est venu s'ajouter aux sept déjà disponibles, une quarantaine de nouveaux préréglages sont proposés et la technologie U Point – destinées aux corrections locales – a été affinée. Toutefois, la grande nouveauté de cette version 2 est son intégration à DxO PhotoLab qui est désormais capable de servir de lanceur (encadré ci-dessous), en complément de la disponibilité des

La Nik Collection 2 commercialisée avec PhotoLab 2 Essential

C'est un changement radical qu'a subi le second opus de la Nik Collection par DxO, moins en termes d'améliorations fonctionnelles que de changement d'orientation ergonomique et commerciale. Si PhotoLab bénéficiait de la technologie U Point, la Nik Collection restait un ensemble de plug-ins sans lien avec les autres logiciels de DxO, et elle nécessitait un logiciel hôte du concurrent Adobe. Désormais, la Nik Collection est vendue avec la version Essential de PhotoLab qui devient son hôte privilégié. En cliquant sur le bouton **Nik Collection** situé au-dessus du ruban des vignettes (flèche blanche), vous ouvrez le sélecteur de plug-ins qui sert de poste d'aiguillage vers les éléments de la collection, ou vers le réglage des **Paramètres d'export** (format de fichier, qualité et profil de couleur). Seules les exportations en Tiff et en Jpeg sont disponibles, les plug-ins n'étant pas compatibles avec le format Raw. Gageons que cela changera dans le futur, pour une intégration encore plus poussée de la Nik Collection dans l'écosystème logiciel de DxO.

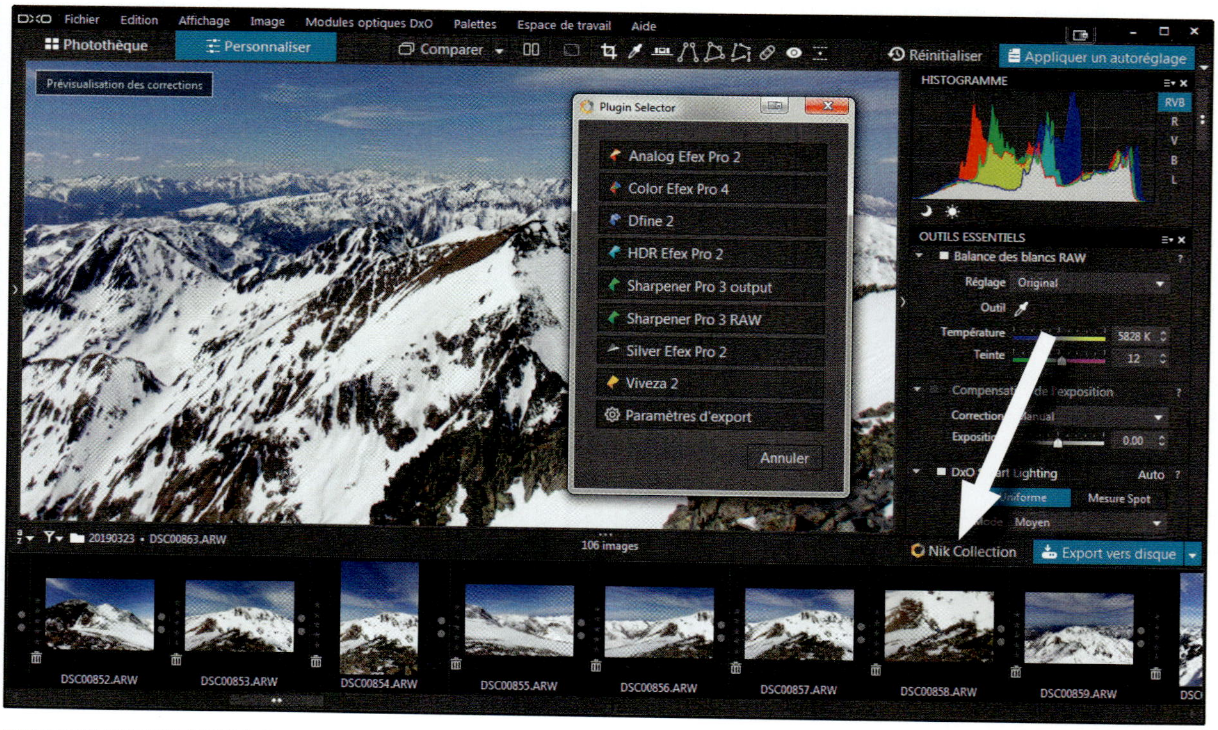

plug-ins pour Photoshop et Lightroom. Cela signifie que vous n'êtes plus contraint de passer par un logiciel d'Adobe pour utiliser la Nik Collection, ni de les utiliser de façon autonome avec les difficultés que cela comporte (lire *Compétence Photo n°66* pour en savoir plus). Comme toute médaille, celle-ci a un revers : la version 2 de la Nik Collection est vendue de façon non optionnelle avec la version Essential de PhotoLab 2, à un tarif en forte augmentation puisqu'il faudra désormais débourser 149 € hors promotions. Cela ressemble un peu à une vente forcée, mais la licence est perpétuelle et dispense de s'abonner à la formule Creative Cloud pour la Photo d'Adobe. Par ailleurs, PhotoLab 2 Essential seul est vendu à 129 € et la première version de la Nik Collection seule était proposée au tarif de 79 €. L'économie est donc substantielle, du moins pour les photographes intéressés par PhotoLab. Nous verrons au début de la seconde partie du dossier ce qui différencie les versions Essential et Elite afin de vous aider à évaluer l'intérêt d'inclure PhotoLab dans votre flux de travail et, le cas échéant, à choisir la version qui vous convient le mieux. À noter pour conclure que les quatre plug-ins "Efex" de la Nik Collection ont été rendus compatibles avec les écrans HiDPI pour améliorer la lisibilité et la qualité d'affichage.

PhotoLab et Lightroom en communication

DxO Labs a créé un module pour Lightroom capable de contraindre ce dernier à lui expédier des fichiers Raw, et non des exports bitmap comme c'est la règle avec le logiciel d'Adobe. Pour exporter des photos, sélectionnez-les dans le film fixe et faites **Fichier | Module externe – Extras | Transférer vers DxO PhotoLab 2**. Une fois les réglages effectués dans PhotoLab, cliquez sur le bouton bleu **Export vers Lightroom** logé au-dessus du ruban des vignettes, ou déroulez le menu des options d'exportation si ce n'est pas elle qui apparaît. Choisissez le format idoine (**Tiff 16 bits** ou **DNG** si vous envisagez des corrections complémentaires dans Lightroom) et validez. Lightroom s'ouvre automatiquement et affiche les photos en provenance de PhotoLab. Elles sont rassemblées virtuellement dans une collection et sont physiquement copiées dans le même dossier que les originaux, avec lesquels elles sont automatiquement empilées.

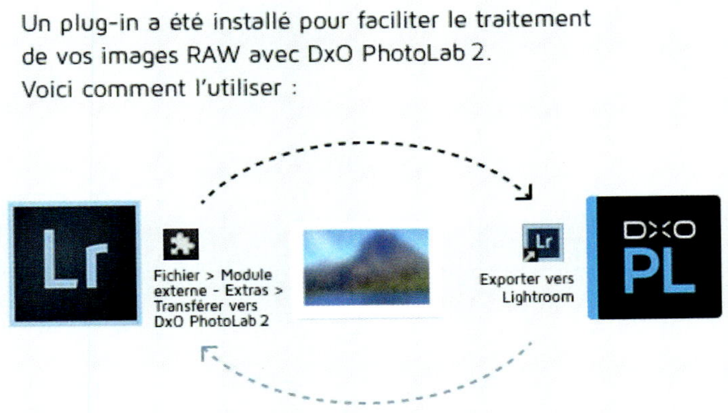

6 FLUX DE TRAVAIL COMBINÉ AVEC LIGHTROOM

Changer de logiciel de développement est toujours une décision difficile à prendre, car on perd à coup sûr une grande partie de son travail. On peut, certes, exporter le résultat de ses photos développées avant d'abandonner un logiciel, mais l'incompatibilité du dématriçage et des outils fait que les corrections elles-mêmes ne peuvent être transférées dans un autre. Certains éditeurs proposent des outils de transcription, mais leur fonctionnement est dans le meilleur des cas partiel et approximatif. Abandonner Lightroom est encore plus délicat, car il s'agit d'un excellent catalogueur en plus d'être un bon logiciel de développement et de partage d'images.

Pour qu'un choix exclusif ne soit pas imposé au photographe, DxO Labs a développé un module externe pour Lightroom afin de combiner les deux logiciels dans un flux de travail qui s'appuie sur le meilleur de chacun d'entre eux. L'idée directrice est d'utiliser Lightroom comme catalogueur et gestionnaires de photos et PhotoLab comme logiciel de traitement d'images (que les fichiers soient des Raw ou des Jpeg). Un module externe se charge d'expédier les fichiers dans PhotoLab, puis celui-ci les renvoie dans Lightroom une fois les corrections achevées. Ils sont placés dans des piles à côté des originaux, ce qui simplifie leur gestion. Cela étant, rien ne vous empêche de réaliser des combinaisons plus complexes. Si Lightroom reste le centre de pilotage du flux de travail, certains de ses outils méritent d'être considérés, notamment les outils de retouche locale qui sont largement complémentaires de ceux de PhotoLab. Il faudra alors choisir un format d'exportation de haute qualité afin de réaliser les corrections additionnelles dans un contexte optimal. Le Tiff 16 bits ou le DNG sont les plus indiqués (le DNG n'étant pas ici un format Raw comme lorsqu'il est produit par certains boîtiers, mais un DNG linéaire aux caractéristiques proches du Tiff 16 bits). Le résultat de cette nouvelle série de corrections devra lui-même être exporté dans un format plus adapté au partage en ligne, mais ce fichier n'a pas vocation à être conservé et catalogué – il peut être recréé d'un simple clic. Je vous suggère de donner aux exports en provenance de PhotoLab un suffixe explicite afin d'en indiquer l'origine et de les différencier des autres fichiers de la pile. ■

JUI-CHI CHAN

Corrections avancées avec DxO PhotoLab 2

Après avoir décrypté la nouvelle politique commerciale (un peu nébuleuse) de DxO Labs afin d'éclairer votre choix entre les deux versions de PhotoLab, cette seconde partie explore les corrections avancées les plus originales et les plus décisives du logiciel.

PhotoLab est un logiciel dont la puissance ne se dévoile pas toujours lors des premières manipulations. Plusieurs fonctionnalités avancées ne sont guère mises en avant alors qu'elles sont majeures et potentiellement décisives pour de nombreuses pratiques photo. Certaines sont disponibles pour les deux versions du logiciel, d'autres sont réservées à la version Elite. Leur décryptage pourra guider votre choix.

1 PHOTOLAB, UN LOGICIEL DE DÉVELOPPEMENT

DxO PhotoLab 2 a fait l'objet d'un dossier de seize pages dans *Compétence Photo n° 68*. Peu de choses ont changé d'un point de vue fonctionnel, si ce n'est l'intégration de la Nik Collection évoquée dans la première partie. Nous ne reviendrons pas ici sur les fondamentaux du logiciel, l'objectif étant d'explorer ses fonctionnalités avancées. Toutefois, pour le cas où vous ne connaîtriez pas du tout PhotoLab, je vous propose un survol rapide de sa philosophie et des points forts qui en font l'un des principaux concurrents de Lightroom. DxO PhotoLab 2 est un logiciel de développement des fichiers Raw, ce qui indique que son fonctionnement est non destructif. En effet, il est impossible de modifier les données brutes contenues dans le Raw, ce qui interdit toute application d'une correction directement sur l'image et contraint l'éditeur à créer des outils de type paramétrique. Lorsque vous déplacez un curseur, le logiciel enregistre la valeur choisie et affiche un simple aperçu du résultat. Ce n'est que lors de l'exportation de votre travail dans un format Jpeg ou Tiff que le Raw sera réellement développé et que l'ensemble des corrections seront appliquées. Dans l'intervalle, tout est réversible et modifiable à l'envi, au contraire du fonctionnement destructif des éditeurs d'images dont les corrections s'appliquent sur les pixels de la photo. Ce fonctionnement est imposé par le Raw, mais tous les formats d'images en bénéficient. Si vous photographiez en Jpeg ou si une large partie de votre photothèque en est constituée, vous tirerez un grand bénéfice de PhotoLab, même si le potentiel de quelques outils sera moindre.

Les atouts de PhotoLab sont les corrections optiques, les automatismes et certains outils susceptibles de faire la différence selon votre pratique photo. Les modules de corrections optiques sont ce qui existe de mieux, avec des fonctions dérivées exclusives comme la netteté de l'optique que nous décrypterons plus loin. Les automatismes produits par analyse du contenu de l'image sont si performants qu'ils sont à même de convaincre les plus réticents d'opter pour le format Raw : il suffit de quelques clics pour exporter un lot de photos, sans aucune correction individuelle, avec la quasi-certitude que le résultat sera meilleur que les Jpeg produits par l'appareil photo ! Enfin, certaines fonctions comme la réduction du bruit sont sans concurrence et font de PhotoLab un must pour les photographes les plus concernés. Signalons pour conclure la retouche locale qui, après avoir longtemps été absente, est d'un très bon niveau grâce notamment à l'intégration de la technologie U Point.

2 BIEN CHOISIR SA VERSION DE PHOTO LAB

Si les versions Essential et Elite ont en commun la presque totalité des fonctionnalités de PhotoLab 2, une dizaine d'entre elles ne sont disponibles que dans la version Elite (encadré ci-dessous). Pour faire le bon choix, il est important de comprendre le changement de politique commerciale qui a accompagné le passage de la Nik Collection en version 2. Ce qui change la donne est la commercialisation de la Nik Collection en bundle avec PhotoLab Essential. Si nous avons vu, dans la partie précédente, que le tarif du bundle était très intéressant, il masque un désagrément potentiel : vous ne disposez pas d'une licence pleine et entière pour PhotoLab Essential, qui n'est considéré dans le bundle que comme un hôte pour la Nik Collection. Si la version Essential vous convient, tout est pour le mieux, mais si vous désirez un jour passer à la version Elite, vous ne bénéficierez pas

Différences entre les versions Essential et Elite de PhotoLab 2

Les versions Essential et Elite de PhotoLab 2 ne diffèrent que par une dizaine de fonctionnalités. Certaines relèvent de l'ergonomie, d'autres d'un usage professionnel, mais le débruitage PRIME ou ClearView Plus sont des atouts majeurs qu'il vous faudra évaluer pour choisir la version du logiciel la plus adaptée à votre pratique. Le tarif avec la Nik Collection semble très avantageux pour la version Essential, mais il recèle un piège : il ne donne pas droit au tarif de mise à niveau vers la version Elite (cf. la *section 2*).

Fonctionnalités	Essential	Elite
Débruitage PRIME (RAW)	×	✓
DxO ClearView Plus	×	✓
Outils anti-moiré	×	✓
Gestion des profils ICC de calibration boîtier	×	✓
Gestion des profils couleurs DCP	×	✓
Profils de rendus couleurs	×	✓
Sorties multiples	×	✓
Édition d'autoréglages	×	✓
Création d'autoréglages partiels	×	✓
Création de palettes personnalisées	×	✓
Nombre d'activations	2	3
Tarif seul	**129 €**	**199 €**
Tarif avec la Nik Collection	**149 €**	**348 €**

Téléchargez les images sur notre site
www.competencephoto.com

EXPÉRIMENTEZ LES DEUX VERSIONS DE LA RÉDUCTION DU BRUIT

La réduction du bruit a longtemps été un atout majeur pour DxO, et elle le reste. Vous allez l'expérimenter avec une photo si criblée de bruit que la corbeille semble être son évidente destinée, d'abord en injectant un à un les ingrédients de l'outil **HQ (Rapide)**, puis en comparant avec ce qu'obtient l'outil **PRIME** réservé à la version Elite.

1 Cette photo, prise à 6 400 ISO avec un appareil déjà ancien, affiche un niveau de bruit assez terrible. Pour mieux le visualiser, ajoutez *1.5 IL* dans la palette **Compensation d'exposition**.

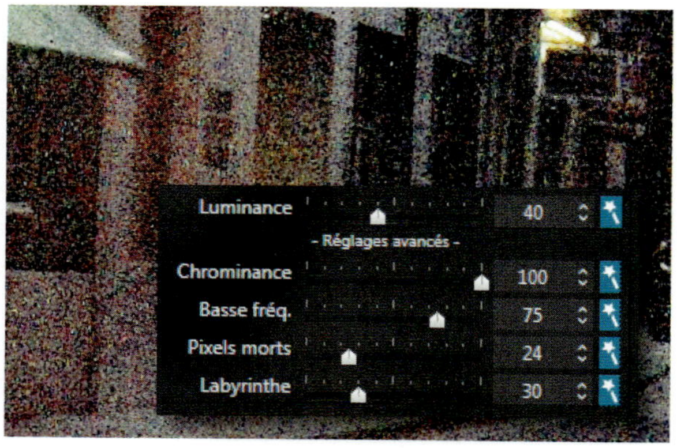

2 Désactivez la palette **Réduction du bruit** pour le visualiser, puis réactivez la palette en mettant tout à zéro sauf le curseur **Chrominance**. La composante colorée du bruit a été bien résorbée.

3 Cliquez sur la petite baguette à droite de la valeur pour réactiver la correction de **Luminance** par défaut. Le résultat s'est encore grandement amélioré, avec un grain beaucoup plus fin.

4 Il reste toutefois des taches bien visibles sur les aplats de couleurs. Réactivez la correction du bruit **Basse fréquence** pour les nettoyer, ainsi que les deux derniers curseurs de la palette.

5 Le résultat avec l'outil **HQ** est très bon et déjà presque miraculeux. Activez l'outil **PRIME** dans la version Elite, exportez le résultat et examinez-le. Les couleurs sont mieux préservées qu'avec **HQ**.

6 En revanche, si le grain a presque disparu, il a emporté avec lui des détails fins. Réduisez la valeur du curseur **Luminance** à *20*, comme ci-dessus. Le résultat est désormais impressionnant !

du tarif de mise à niveau et vous devrez payer le prix fort. Par ailleurs, comme signalé dans la première partie, posséder une licence de PhotoLab ne vous offre aucun avantage pour acheter la nouvelle version de la Nik Collection, pourtant livrée avec... PhotoLab Essential ! Les seuls gagnants de l'opération sont ceux qui ne possédaient qu'une licence de la version 1 de la Nik Collection et n'ont eu à débourser que 79 € pour la mise à jour vers la version 2, gagnant au passage PhotoLab Essential ! Tout cela est un peu complexe, mais mieux vaut le savoir avant d'investir pour éviter les incompréhensions et les désillusions. Dans la liste des fonctionnalités disponibles exclusivement dans la version Elite (encadré page précédente), celles qui concernent l'ergonomie et la personnalisation ont été évoquées dans le dossier de *Compétence Photo n° 68*, et nous n'y reviendrons pas ici. En revanche, nous examinerons les autres afin que vous y puisiez des indications sur l'intérêt qu'elles présentent pour votre usage et vos besoins.

Le voile se lève avec ClearView Plus

ClearView Plus fait partie des fonctionnalités réservées à la version Elite de PhotoLab. C'est un puissant outil de suppression du voile atmosphérique – dont les capteurs ont tendance à exagérer la prégnance. En pratique, ClearView est pertinent sur toutes les photos qui manquent de tonus. Son efficacité n'a d'égale que sa simplicité d'utilisation, DxO ne l'ayant dotée que d'un simple curseur d'intensité positionné par défaut à sa valeur médiane *50*. On voit ci-dessous une illustration de son effet, la partie gauche étant la photo d'origine, la partie droite ayant bénéficié de ClearView.

3 LA RÉDUCTION DU BRUIT HQ (RAPIDE) ET PRIME

La réduction du bruit a longtemps été une raison suffisante pour investir dans DxO Optics Pro, l'ancêtre de PhotoLab, tant l'outil était supérieur à ce que proposaient les logiciels concurrents. Depuis, il n'a fait que s'améliorer en conservant une confortable avance, et s'il est moins décisif, c'est simplement que les appareils photo ont également fait des progrès en matière de maîtrise du bruit. Mais comme les sensibilités proposées sur les appareils photo sont de plus en plus élevées, le défi est seulement repoussé un peu plus haut, et DxO le relève de façon impressionnante. L'outil se présente sous une forme qui dépend du format du fichier et de la version de PhotoLab. En présence d'un Raw, le logiciel affiche dans le groupe **Détail** une palette nommée **Réduction du bruit - RAW**. Dans PhotoLab Essential, cette palette ne contient que l'outil **HQ (Rapide)**, la version Elite proposant également l'outil **PRIME**. Ces deux outils disposent des mêmes réglages et sont en apparence identiques. L'outil HQ n'est en pratique qu'une simplification de l'outil PRIME, lequel s'appuie sur des algorithmes sans le moindre compromis. PRIME est donc une sorte d'état de l'art en matière de réduction du bruit, ce qui a comme conséquence un coût très élevé en temps de calcul. L'impact sur le flux de travail est double. En premier lieu, le logiciel préfère ne pas appliquer le débruitage sur l'ensemble de l'image et en limite la visualisation à une petite zone rectangulaire que vous positionnez dans l'image après avoir cliqué sur le bouton **Centre de la loupe** (à droite de l'intitulé de la palette). Son contenu débruité s'affiche en zoom 100 % au-dessus des curseurs des réglages. L'aperçu de la photo subit également une réduction du bruit, mais ce sont les algorithmes HQ qui sont appliqués. Pour comparer l'effet de PRIME à celui de HQ, passez la photo en zoom 100 % avant de positionner la loupe. La réduction du bruit PRIME ne sera appliquée à la totalité de la photo que lors de l'exportation de votre travail, qui sera en conséquence très long – d'autant plus si votre processeur est anémique. Les réglages de la réduction du bruit en Raw se résument par défaut à un seul curseur : celui de **Luminance** qui pilote l'atténuation de la composante non colorée du bruit – autrement dit, le grain. La valeur suggérée est celle que le logiciel a déterminée par analyse du bruit de l'image. Ma longue expérience avec cet outil me fait considérer cette valeur comme correcte en HQ, mais souvent trop élevée en PRIME au détriment des détails les plus fins. Je vous suggère de tester des valeurs plus basses et de choisir celle qui produit le rendu le mieux équilibré entre suppression du bruit et préservation des détails. La lecture du dossier sur le bruit dans ce numéro de *Compétence Photo* vous aidera à en savoir plus sur l'origine, la nature et la structure du bruit en numérique, et sur les stratégies pour obtenir un bon dosage. En cliquant sur **Réglages avancés**, vous dévoilez les autres curseurs dont l'importance est capitale, mais dont les variations autour des valeurs par défaut ont moins d'impact – positifs ou effets secondaires indésirables – que pour le curseur **Luminance**. Faire confiance au logiciel pour l'élimination du bruit chromatique et des pixels morts est très raisonnable, mais n'hésitez pas à jouer avec les curseurs pour appréhender leur fonctionnement et leur effet.

Si votre fichier est un Jpeg ou un Tiff, la palette se nomme **Réduction du bruit - RVB**, l'option **PRIME** n'est plus disponible et ne sont présents que les deux curseurs principaux : **Luminance** et **Chrominance**. C'est donc un outil amputé et moins efficace que propose DxO, pour une raison simple : les algorithmes ne sont pleinement efficaces que lorsque toutes les informations brutes sont disponibles, ce qui n'est plus le cas en présence d'un Jpeg. N'hésitez pas à y voir une raison supplémentaire d'adopter le format Raw...

4 BIEN UTILISER LES RENDUS DES COULEURS

La version PRIME de PhotoLab intègre une palette **Rendu des couleurs** qui vous autorise à choisir la colorimétrie de votre photo. Ce concept un peu nébuleux est à rapprocher des films argentiques évoqués à propose du logiciel DxO FilmPack dans la première partie du dossier : le photographe choisissait une pellicule adaptée au rendu des couleurs et au grain qu'il désirait obtenir. Le capteur d'un appareil photo numérique étant fixe, le choix d'une colorimétrie s'effectue différemment. Si vous shootez en Jpeg, c'est le processeur qui fixe la colorimétrie en appliquant le rendu par défaut défini par le constructeur, par-dessus lequel il ajoute, le cas échéant, l'effet du mode créatif choisi dans les réglages du boîtier. En Raw, c'est au logiciel de développement que revient cette tâche, selon le même principe : un rendu par défaut qui s'efforce de ressembler à celui du boîtier et une kyrielle de rendus alternatifs conservant une forme de neutralité, ou plus créatifs – que DxO loge dans les autoréglages.

Dans la palette **Rendu des couleurs**, PhotoLab propose quelques rendus génériques, mais va beaucoup plus loin en vous laissant libre d'appliquer à votre photo le rendu de n'importe quel

Utiliser des profils issus d'un calibrage

Dans les options de rendu des couleurs (**A**) proposées par la version Elite de PhotoLab figurent les profils ICC et DCP, censés être des profils de couleur issus du calibrage de votre appareil photo. L'objectif est d'obtenir une parfaite justesse de couleurs, ce qui est précieux dans des domaines comme la reprographie, le packshot ou le portrait. Pour créer ces profils, passer par un prestataire est la solution que privilégient les professionnels. On parvient toutefois à d'excellents résultats avec des solutions moins coûteuses et simples à mettre en œuvre, comme le ColorChecker Passport de Data Color (**B**) qui présente l'avantage de créer des profils DCP pour un double illuminant (typiquement la lumière du jour et l'éclairage tungstène), les profils ICC étant limités à un seul illuminant. L'intérêt et les aspects pratiques du calibrage des appareils photo ont été traités dans le grand dossier sur la gestion des couleurs publié dans *Compétence Photo n° 50*.

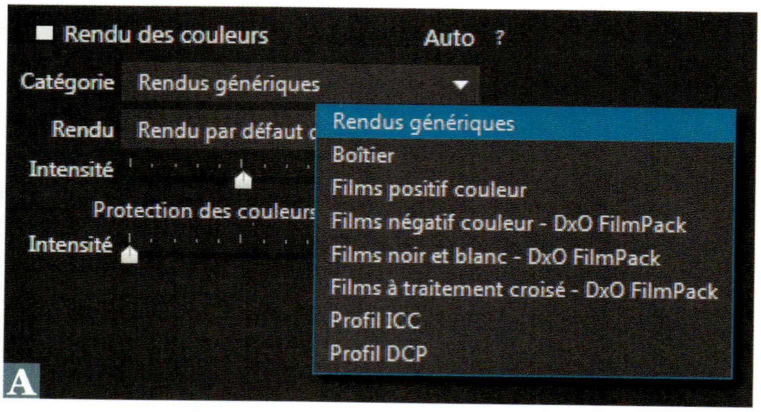

A

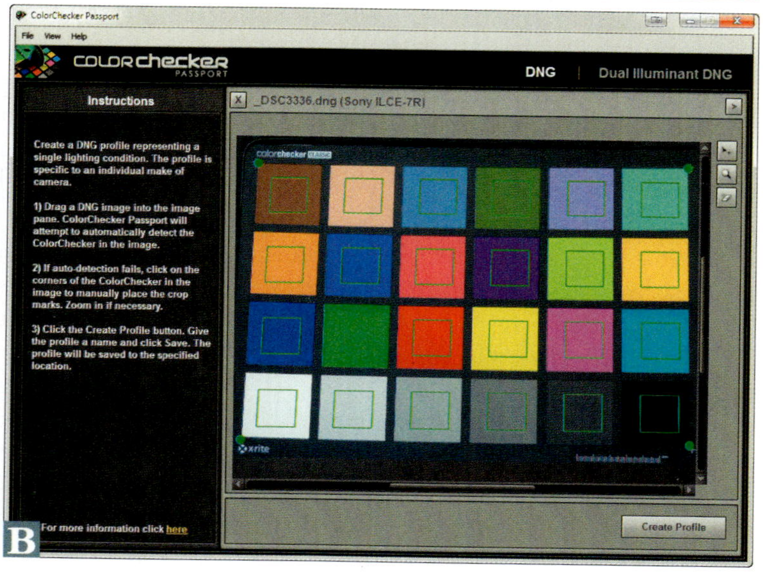

B

Téléchargez les images sur notre site
www.competencephoto.com

CORRECTIONS LOCALES PROGRESSIVES AVEC LE FILTRE GRADUÉ

Le **Filtre gradué** est l'un des outils de création de masques de corrections locales. Son intérêt réside dans sa capacité à créer un dégradé régulier impossible à obtenir avec un simple pinceau. Vous allez l'appliquer ici dans le cas très simple d'une photo dont on désire tonifier le premier plan sans que l'arrière-plan soit affecté.

1 Cette photo est plate du fait de la lumière diffuse qui a écrasé les contrastes et affadi les couleurs. L'objectif est de lui redonner du tonus, tout en maintenant l'arrière-plan dans son flou éthéré.

2 Activez les réglages locaux en cliquant sur le bouton situé dans la barre d'outils supérieure et faites un clic droit au-dessus de l'image pour afficher le sélecteur radial. Choisissez le filtre gradué.

3 Le filtre est matérialisé par deux points qui définissent la zone de masquage total et la zone de progressivité. Ici, la zone de progressivité est réduite à la jetée et ses alentours immédiats.

4 Faites un premier clic vers le milieu de l'image, puis glissez vers le haut jusqu'à la jetée. Augmentez le **Microcontraste** et l'effet **ClearView**, et compensez l'assombrissement avec un peu d'**Exposition**.

5 Dans le groupe **Couleur**, augmentez assez fortement la vibrance afin de redonner de l'éclat aux couleurs des bateaux. Le résultat est satisfaisant et l'effet des réglages n'a pas affecté l'arrière-plan.

6 Il arrive qu'il faille rectifier localement le masque. Entraînez-vous en l'effaçant sur la jetée. Pour cela, activez la **Gomme** dans le sélecteur radial et appliquez-la en fixant un contour progressif élevé.

Téléchargez les images sur notre site
www.competencephoto.com

CORRECTION LOCALE À L'AIDE DES POINTS DE CONTRÔLE

DxO Labs a introduit dans PhotoLab une version simplifiée de la technologie **U Point**, qui vient en complément des autres outils de création de masques. Dans ce tutoriel, vous allez résoudre un problème délicat à l'aide des points de contrôle : désaturer et éclaircir la neige dans les zones d'ombre sans affecter le bleu du ciel.

1 Sur cette photo, la neige dans les zones d'ombre est très bleutée et un peu sombre. Utiliser un outil global affecterait immanquablement le bleu du ciel. Les points de contrôle sont mieux adaptés.

2 Activez les réglages locaux, faites un clic droit au-dessus de l'image pour afficher le sélecteur radial, choisissez l'outil **Point de contrôle** et cliquez sur une zone de neige bleutée à corriger.

3 Ajustez le diamètre du cercle par simple cliquer-glisser, en veillant surtout à ne pas déborder sur le ciel, puis réduisez la vibrance et augmentez légèrement l'exposition pour obtenir l'effet recherché.

4 Une fois que le premier point de contrôle est posé, faites autant de clic dans l'image que nécessaire pour couvrir les zones de neige ombragée. N'ayez pas peur de déborder sur la végétation.

5 Tapez **[m]** sur PC ou **[maj]** + **[m]** sur Mac pour afficher le masque en nuances de gris, afin de vous assurer que toute la neige ombragée et seulement elle est sélectionnée (en blanc ou gris très clair).

6 N'hésitez pas à ajouter des points de contrôle en mode de visualisation de masque pour compléter celui-ci. Le résultat final est très satisfaisant, et inaccessible avec des outils classiques.

autre appareil photo. Pour cela, dans la catégorie **Boîtier**, choisissez la marque et le modèle ! Si vous avez acheté FilmPack, les rendus argentiques seront également accessibles. Enfin, si votre pratique photo exige une excellente justesse des couleurs, la version Elite de PhotoLab vous autorise à prescrire un profil ICC ou DCP obtenu avec une solution de calibrage de votre appareil (encadré page précédente).

5 LA NETTETÉ DE L'OPTIQUE, UNE FONCTION EXCLUSIVE

Dans cette partie sur les fonctions avancées de PhotoLab, nous aurions pu évoquer des outils comme le **Smart Lighting**, mais la palette est mise en valeur dans le groupe des **Outils essentiels** et son fonctionnement est relativement intuitif. D'autres outils sont plus discrets et ont pourtant une importance capitale. C'est le cas de la correction des aberrations chromatiques, activée par défaut et qui est remarquable, mais aussi et surtout de l'outil **Netteté de l'optique** qui passe un peu inaperçu alors que c'est une fonction exclusive de PhotoLab, dérivée de la caractérisation des défauts des objectifs (qui aboutit aux fameux modules optiques). Pour chaque objectif et chaque focale, DxO dispose d'une cartographie du piqué qui est classiquement plus élevé au centre que sur les bords ou dans les angles. Grâce à cette cartographie, PhotoLab est capable de réaliser une homogénéisation du piqué sur l'ensemble de l'image, opération pilotée par l'outil **Netteté de l'optique** et disponible pour les deux versions du logiciel. En revanche, la palette n'apparaît que pour les fichiers Raw, car PhotoLab ne peut savoir quels traitements le processeur de l'appareil photo a appliqués lors de la création du Jpeg, notamment les doses d'accentuation globale de la netteté.

Le curseur **Globale** pilote l'intensité de l'effet, la valeur *0* par défaut ne signifiant pas une absence de correction, mais la quantité considérée a priori comme optimale par DxO. Le logiciel vous laisse toutefois la liberté d'en ajouter ou d'en soustraire. Le curseur **Détails** renforce la perception des détails les plus fins et le curseur **Bokeh** atténue les éventuels artefacts d'accentuation hors de la plage de netteté. Les valeurs par défaut sont le plus souvent pertinentes, mais n'hésitez pas à les ajuster si les spécificités de l'image le requièrent.

6 LES CORRECTIONS LOCALES DE PHOTOLAB

Les corrections locales sont devenues un enjeu important pour les logiciels de développement comme PhotoLab, d'abord pour se différencier des concurrents, ensuite pour limiter au maximum le recours à un éditeur d'images. Le rêve du logiciel unique se rapproche, malgré les contraintes majeures qu'impose le codage paramétrique des outils. La création d'un masque délimitant les zones à corriger ne peut bénéficier d'outils aussi performants que ceux proposés par les bons éditeurs d'images pour réaliser des sélections précises. En acquérant et en améliorant la technologie U Point de Nik, DxO a fait un bond en avant et propose désormais un ensemble d'outils de création de masque puissant et varié, avec un pinceau libre, un masque automatique, un filtre gradué et les fameux points de contrôle directement issus de la Nik Collection.

Pour activer les corrections locales, cliquez sur le bouton **Réglage locaux** localisé dans la barre d'outils supérieure. Pour choisir une modalité de tracé de masque, faites un clic droit dans l'image pour qu'apparaisse le sélecteur radial (encadré ci-dessus). L'exemple étant souvent plus parlant que les mots, nous vous proposons deux tutoriels complémentaires de celui qui mettait en œuvre le masque automatique dans *Compétence Photo n°68*. ■

Les réglages disponibles en correction locale

Quel que soit l'outil choisi dans le sélecteur radial (en haut à gauche ci-dessous) pour créer le masque délimitant la zone à corriger, vous avez accès à un ensemble de réglages répartis en trois groupes thématiques : **Lumière** (en bas à gauche), **Couleur** (en haut à droite) et **Détail** (en bas à droite). Il suffit alors de déplacer les curseurs verticaux par cliquer-glisser pour corriger la zone sélectionnée. La nature du réglage s'affiche en infobulle par survol de son icône, de même que l'intitulé des groupes thématiques.

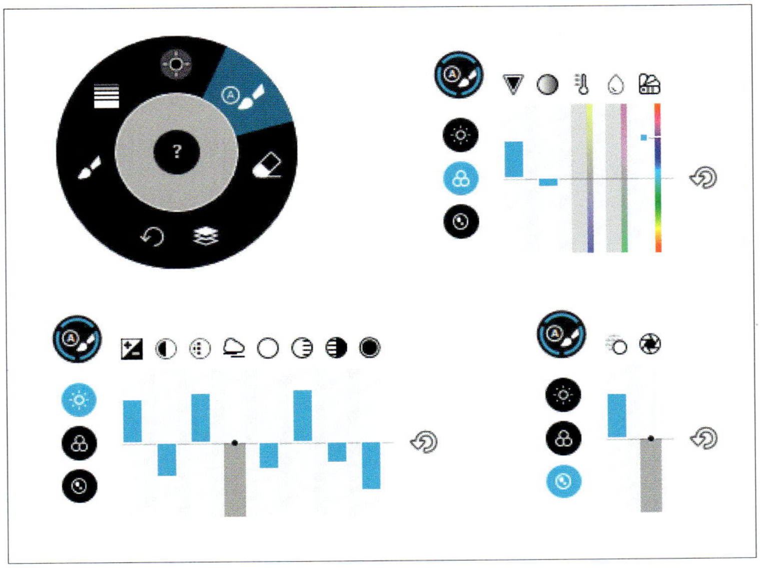

Wifi et Bluetooth

Adoptez-les et oubliez l'USB

Depuis une douzaine d'années, les solutions pour affranchir les appareils numériques de leurs cordons communicants se répandent. Cela avait commencé sur les appareils photo très professionnels avec des matériels financièrement inabordables. Puis la méthode Eye-Fi basée sur une carte mémoire SD associée à un circuit de communication wifi a lancé la mode. Les appareils photo se sont dotés de dispositifs internes dialoguant en wifi. Désormais, c'est au tour du Bluetooth d'entrer dans la partie afin de compléter les manœuvres. Ces dispositifs semblent cependant peu utilisés par les photographes, en dehors de quelques explorateurs passionnés. Il faut dire que la complexité de mise en œuvre peut rafraîchir les enthousiasmes. Les logiciels ont aussi leur part de responsabilité dans les difficultés de fonctionnement. Pourtant, certains systèmes progressent bien et permettent des exploitations intéressantes. Vous laisserez-vous tenter ? Faisons d'abord un petit retour sur les liaisons filaires.

TEXTE ET PHOTOS **XAVIER DE LA TULLAYE**

Le Canon Eos 6D a été le premier reflex à disposer d'un module wifi intégré. La prise de vue à distance s'effectue avec l'efficace logiciel EOS Utility (ci-dessous). Il gère aussi bien la connexion USB que wifi.

Les tout premiers appareils numériques, ceux nés au début des années 90, avaient bien du mal à dialoguer avec l'extérieur. Il faut dire qu'à l'époque les solutions, même filaires, n'étaient pas très au point ! Sur les premiers DCS de Kodak ou Agfa ActionCam et Minolta RD-175, le dialogue avec l'ordinateur passait par une liaison SCSI. Cette dernière n'étant pas *hot plug* (branchement sous tension), cela compliquait les manipulations. Sur les premiers appareils à vocation "grand public" – il fallait tout de même mettre pas mal de sous sur la table –, c'était la liaison série RS232 qui s'occupait du transfert des images. Heureusement, celles-ci n'étaient pas grosses (au mieux 640 x 480 pixels) parce qu'il fallait pas mal de temps pour achever le transfert : les cartes mémoire amovibles et leurs lecteurs n'ont pas été inventés tout de suite. À la fin des années 90, les liaisons IEEE 1394 (FireWire) et USB prenaient le relais. Hot plug et nettement plus rapides (encore que… l'USB 1.1 Full Speed plafonnait à 12 Mb/s, l'IEEE 1394 initiale à 100 Mb/s), elles mettaient aussi en service des lecteurs de carte mémoire. Tout cela a beaucoup simplifié la récupération des clichés puis le pilotage des appareils à distance – limitée par la longueur du cordon USB.

DÉBUTS DIFFICILES POUR LE DIALOGUE

Aujourd'hui, la gestion à distance d'un boîtier grâce à la liaison USB est une opération vraiment simple et efficace. La plupart des fabricants fournissent un logiciel permettant de récupérer les images et d'en réaliser l'éditing. Le même logiciel ou un programme séparé sert à commander l'appareil à distance par le biais de la liaison USB. Malheureusement, chez Nikon, ce programme (Camera Control Pro 2) est payant. Mais il existe d'autres solutions. Par exemple, Lightroom sait manœuvrer à distance des appareils Canon et Nikon. Capture One Pro gère une grande liste de boîtiers de toutes marques. Il existe aussi des logiciels gratuits qui font un bon travail de *tethering* (opération en mode connecté), à condition que votre appareil et votre ordinateur soient dans la liste des élus. Parmi les programmes que j'ai testés, digiCamControl mérite une mention. Il manage essentiellement des reflex Canon et Nikon – et une grande variété de webcams, ce qui est intéressant en astronomie. Il sait contrôler les différents paramètres de l'appareil et reçoit le *liveview*, maîtrise le *timelapse* (séquence de photos) et peut piloter plusieurs appareils simultanément. Même le pilotage wifi lui est accessible pour certains modèles.

Quel intérêt y-a-t-il à connecter appareil photo et ordinateur par la liaison USB ? Pour la récupération des photos, il est souvent plus simple de sortir la carte mémoire et de la brancher dans le lecteur de l'ordinateur ou un modèle externe. Au niveau des temps de transfert, les résultats sont similaires. Il y a même un intérêt à opérer en connectant l'appareil photo : cela évite d'oublier la carte dans le lecteur. Et même parfois, il n'y a pas d'autre solution, notamment avec les cartes XQD des derniers Nikon dont les lecteurs externes sont encore rares et chers.

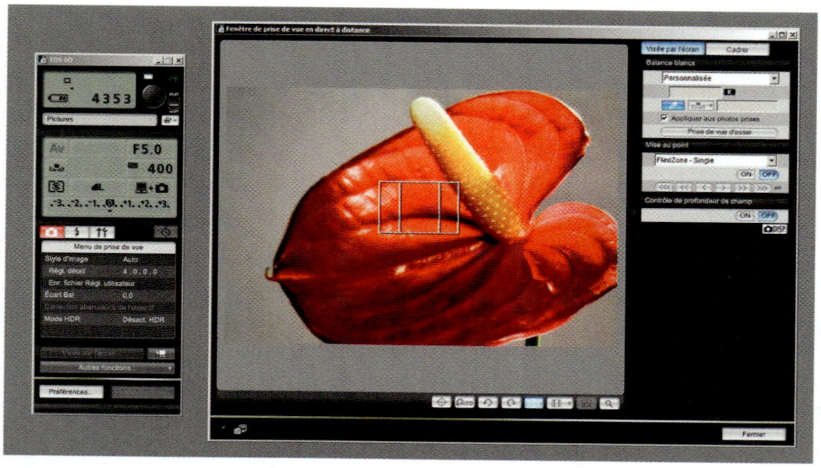

EOS Utility, l'utilitaire fourni par Canon

FILAIRE, EFFICACE ET FIABLE

La liaison USB utilisée pour piloter l'appareil à distance reste une solution efficace notamment lorsque l'on travaille en studio de nature morte. Dans ce cas, l'appareil bouge peu,

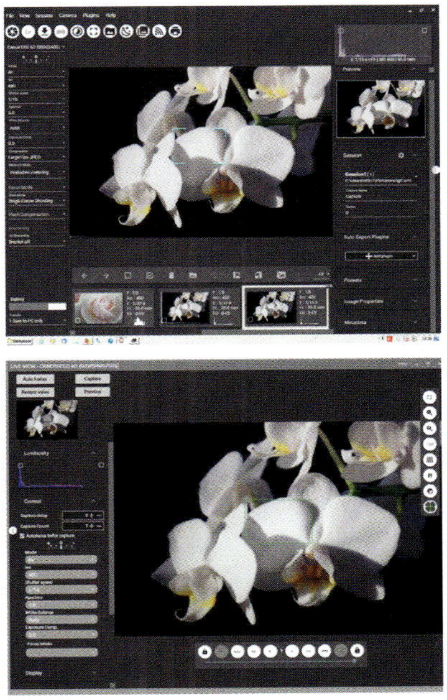

Digicam Control Capture d'écran du logiciel gratuit et sa fenêtre de visée live. Un produit performant, utilisé ici avec un Canon Eos 6D en connexion USB.

Le matériel testé et utilisé pour ce dossier

Difficile de faire un tour exhaustif de tous les appareils capables de connexion wifi. Il y a ceux que j'utilise régulièrement pour de telles applications et ceux que j'ai explorés pour préparer ce dossier. J'ai établi une liste d'instruments que j'ai testés, utilisés et trouvés efficaces dans ces recherches de communication.

Appareils photo
- Canon : EOS 6D, EOS M5
- Nikon : D850, Z7, Z6, D800 avec module WeyeFeye
- Sony : A6000, A6500, A7, A7R II, A7 III
- Panasonic : G6, GX80, GX8

Smartphones
- Huawei Mate 20
- One Plus 6T

Tablettes
- Samsung Galaxy Note 10
- Huawei Mediapad M5 8.4
- Huawei Mediapad M3 10
- Teclast X80Pro Windows 10 & Android
- Lenovo Tab 3 A10
- iRULU eXPro 1Plus
- iRULU Walknbook 2 Windows 10
- Apple iPad 2

Ordinateurs
- Huawei MateBook 13 Windows 10
- Asus X72J Windows 7
- Asus 1215B Windows 7

Accessoires
- XSories Weye-Feye 1.1
- Hotspot portable RAVPower

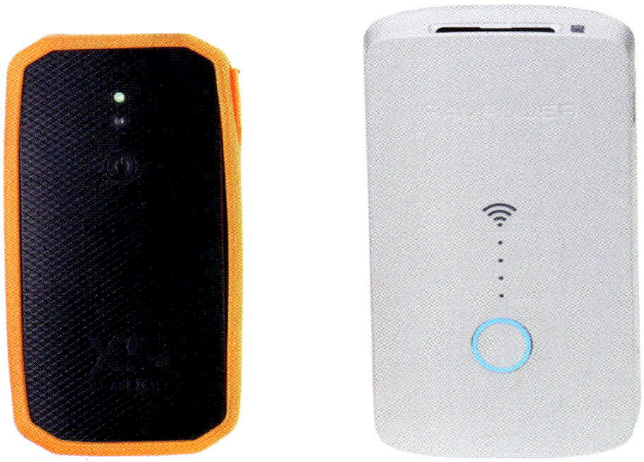

Deux accessoires wifi utiles. Le XSories se connecte en USB sur un appareil Canon ou Nikon et le commande à distance, avec retour de visée live, si l'appareil le permet. Le RavPower FileHub est un routeur wifi sur batterie, avec connexion réseau RJ45, lecteur de carte SD et prise USB pouvant gérer un disque dur externe.

et le fil à la patte n'est pas vraiment une gêne. Au contraire, la visée live subit peu de décalage temporel et la récupération des fichiers se révèle des plus rapides. Il est vraiment beaucoup plus agréable d'observer en détail les clichés sur un grand écran, plutôt que sur le moniteur de l'appareil. En studio de portrait, le photographe se déplace davantage, et la connexion filaire devient vite encombrante. Je ne l'emploie plus qu'en photographie scolaire où les déplacements sont limités.

Dans certaines circonstances, il vaut mieux se fier à l'USB qu'au wifi. J'ai un mauvais souvenir d'une animation en événementiel que nous faisions dans un club des Champs Élysées. Nous montions deux postes de prise de vue de *photo call*. Pour garantir la mobilité des photographes, j'avais décidé d'opérer en wifi pour récupérer les photos que nous tirions dans la foulée sur une imprimante à sublimation. Tout se passait bien pendant les essais de l'après-midi. Mais le soir venu, le wifi était incapable de transmettre correctement les images : trop de trafic dans les environs immédiats, et des interférences. Nous avons essayé des changements de canaux wifi, mais rien à faire pour assurer correctement la transmission. Il a fallu revenir en catastrophe à l'USB...

NORMES USB EN ÉVOLUTION

La transmission filaire est effectivement fiable et rapide avec les dernières normes USB. La seule difficulté est de s'y retrouver dans l'évolution des standards. Essentiellement elle concerne le débit des données, depuis 480 Mb/s pour l'USB 2.0 qualifié maintenant de Hi-Speed. L'évolution en vitesse a d'abord été baptisée USB 3.0, devenu 3.1 puis 3.2 Gen 1 et maintenant qualifiée de

Le mode connecté USB convient bien pour les prises de vue en studio de natures mortes ou vivantes ! Ici, une étude pour un livre sur l'élevage des lapins nains. *Sony A7 III • logiciel Sony Imaging Edge Remote sur PC Windows 10*

Le pilotage à distance wifi est une invention géniale pour le studio de portrait. Il libère le photographe du fil à la patte et permet d'observer immédiatement les clichés.
Canon Eos 6D • 24-105 mm @ 105 mm f/13 • 1/125 s • 100 ISO

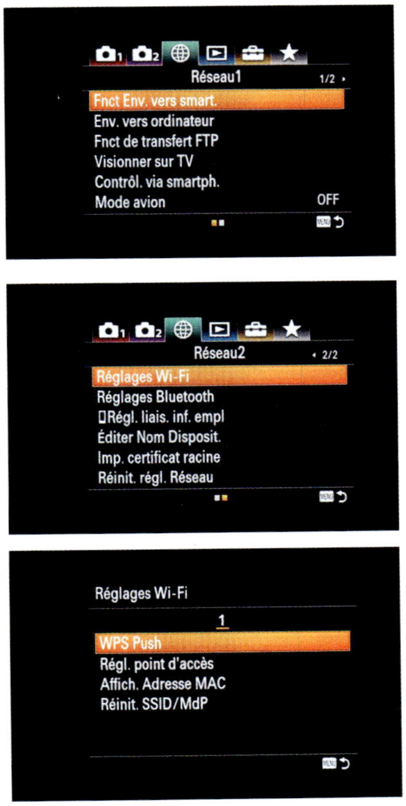

Menus de connexion sans fil du Sony A7 III. On y trouve les réglages pour wifi et Bluetooth. Chez Sony, la mise en œuvre de ces éléments est simple.

SuperSpeed (5 Gb/s). C'est celle que l'on retrouve sur les appareils photo les plus récents. Avec l'USB 3.2 Gen 2, le débit passe à 10 Gb/s et à 20 Gb/s pour l'USB 3.2 Gen 2x2, ces deux étant désormais qualifiés de SuperSpeed USB 10 Gbps et 20 Gbps. Bien sûr, ces évolutions de norme s'accompagnent de modification dans les connecteurs. Sur les appareils photo, quand ce n'était pas des formats plus ou moins propriétaires (Nikon, Panasonic, etc.) il y a d'abord eu le Mini B (par exemple sur Nikon D700) puis le Micro B SuperSpeed, deux fois plus large (Nikon D800, D850). Canon reste fidèle au Mini B sur ses reflex grand public, au Micro B SuperSpeed sur les pros récents et passe au Micro B sur les hybrides. Sony utilise depuis un moment les Micro B et a commencé à y associer un connecteur USB C (A7 R III, A7 III et A7R IV).

L'AVÈNEMENT DU SANS-FIL

Le premier reflex à donner la possibilité de transmissions sans fil a été le Nikon D2H sorti en 2003. Il recevait pour cela un transmetteur WT-1 qui se fixait sous la semelle. Il pouvait transmettre à 30 m avec l'antenne standard et jusqu'à 150 m avec une antenne externe. Le protocole était celui de l'époque, IEEE 802.11b avec un débit maximum de 54 Mb/s (mégabits par seconde). Heureusement, l'appareil produisait des clichés d'au maximum 4 mégapixels ! Ce premier modèle ne permettait que l'envoi des fichiers à distance, pas encore le pilotage de l'appareil. La fonction d'envoi des images est aussi la première qui est apparue pour les appareils grand public. Cela a d'abord été par le biais d'une carte mémoire SD particulière, *Eye-Fi*. Elle intégrait un module wifi qui pouvait transférer les clichés vers un ordinateur distant d'une douzaine de mètres en intérieur et d'un peu plus du double en extérieur. Une application servait à gérer ces transferts après avoir appairé la carte et l'ordinateur. L'idée était plutôt bonne et les fabricants d'appareils numériques ont même facilité les opérations en intégrant des éléments de menu pour gérer cette carte.

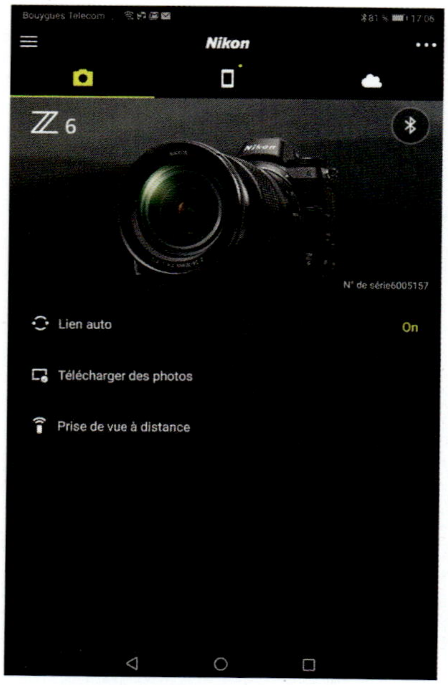

Capture d'écran d'une tablette se connectant à un Nikon Z6. L'appareil est un hybride très performant. Mais l'application de Nikon, Snapbridge, gâche le tableau : trop rudimentaire pour un engin de ce niveau.

Malheureusement, le fonctionnement était erratique et les problèmes de logiciels et de sécurité, comme l'intégration wifi dans les appareils, ont eu raison du fabricant inital. Il reste quelques fondeurs qui s'intéressent à ce moyen, comme Toshiba (Flash air), Chenyang ou encore GuDoQi. Ces deux derniers proposent aussi des cartes au format SD comprenant le transmetteur wifi et un adaptateur micro SD, ce qui permet de changer la capacité mémoire. Mais le système n'est pas compatible avec tous les appareils. De son côté, Canon propose une carte wifi sans mémoire qui se glisse dans le deuxième slot SD des modèles Eos 7D Mark II, 5DS et 5DS R. Contrairement aux cartes de type Eye-Fi, le dispositif fonctionne dans les deux sens : pilotage de l'appareil et visée live à distance et récupérations des clichés.

SANS-FIL GÉNÉRALISÉ

Cette disposition est opérationnelle sur les appareils qui ont intégré la transmission wifi, à la suite de l'initiateur Canon Eos 6D. C'est désormais la majorité. Les constructeurs ont bien compris qu'ils ne pouvaient résister à l'invasion des smartphones photographes qu'en facilitant la transmission des images générées par les vrais appareils photo. Cela concerne aussi bien les reflex et hybrides que les bridges et compacts. Bien sûr, tout le monde n'est pas logé à la même enseigne : comme l'USB, le wifi a beaucoup évolué en quelques années. Et comme pour l'USB, il n'est pas toujours simple de s'y retrouver dans les normes. Quant aux possibilités offertes, aux méthodes de connexion, elles sont vraiment multiples et ce n'est pas facile à maîtriser. Cela explique peut-être le peu d'entrain de beaucoup de photographes à entrer dans le jeu. Ce qui ne simplifie pas les choses ? Les ennuis peuvent provenir des problèmes de connexion, de la complexité des logiciels ou applications, des interférences, et souvent... de notre paresse à lire les notices ! Alors, voyons ce qu'il faut savoir pour maîtriser ce moyen de dialogue parfois réfractaire.

Le wifi a commencé à émerger au début des années 2000. C'est un dispositif à ondes radio de très courte longueur d'onde (bande de 2,4 à 6 GHz) qui permet la transmission à courte distance entre 15 m en intérieur et 100 m à l'extérieur. Comme pour l'USB, la norme wifi a beaucoup évolué depuis son lancement.

Comme beaucoup d'appareils récents évolués, le Z6 propose une connexion Bluetooth. Elle apporte des fonctionnalités intéressantes, notamment la récupération des données GPS depuis le smartphone.

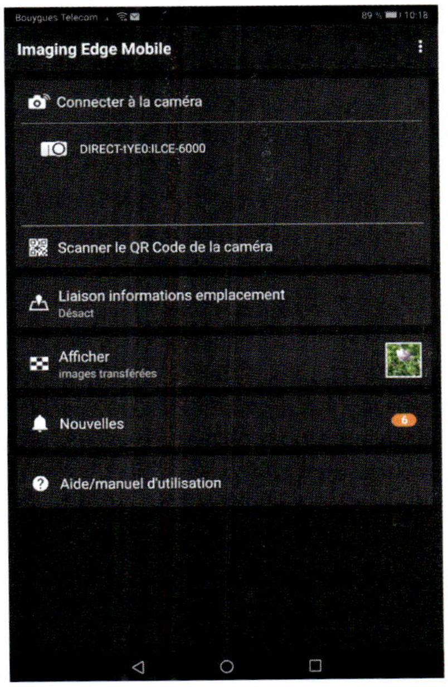

Imaging Edge Mobile est la nouvelle application de Sony pour gérer les wifi et Bluetooth. Elle produit un QR code pour faciliter la connexion.

L'application de Panasonic est la plus complète et la plus performante que j'aie testée. Elle donne accès à presque toutes les fonctions de l'appareil.

La première version disponible pour les applications grand public avait pour nom de code 802.11b. Elle offrait un débit théorique de 11 Mb/s, soit dans la pratique autour de 600 Ko/s. Suffisant pour transférer du texte ou des images en faible définition de l'époque ? Les smartphones n'existaient pas encore, et les grosses cartes mémoires des boîtiers faisaient au mieux 1 Go. La norme suivante a été publiée en 2003 : 802.11g. Elle offre un débit théorique de 54 Mb/s, soit dans la pratique environ 2,5 Mo/s.

DÉBITS EN HAUSSE

La norme suivante est le 802.11n. Elle peut exploiter deux bandes de fréquence, 2,4 et 5 GHz et sait combiner des canaux pour augmenter le débit qui peut atteindre théoriquement 600 Mb/s, soit en pratique 30 Mo/s. La plupart des reflex numériques et hybrides actuels peuvent exploiter jusqu'à cette norme n – et bien sûr les antérieures b et g. En revanche, une majorité se contente des canaux de la bande des 2,4 GHz et ne réalise pas de couplage de canaux. La dernière norme exploitée par quelques appareils parmi les plus récents (Nikon Z6, Z7, Panasonic G9, S1 et S1R, Sony A7R IV...) est la 802.11ac. Elle opère sur la bande des 5 GHz et annonce un débit théorique de 1,3 Gb/s, soit 65 Mo/s, ce qui est la vitesse d'écriture d'une très bonne carte mémoire.

Un réseau wifi peut être exploité dans différents modes. Le plus courant est le mode infrastructure dans lequel un point d'accès (ou *hotspot*) assure la connexion avec les différents utilisateurs wifi qui peuvent être des smartphones, tablettes, ordinateurs ou encore appareils photo. Le hotspot assure la plupart du temps le lien avec internet. Un autre type de communication wifi peut être opérée en mode *ad hoc* ou *point à point*. Dans ce mode, les échanges se font en direct, sans recours à l'intermédiaire d'un point d'accès. Deux autres modes existent : le *Pont* (Bridge) qui sert à connecter entre eux des points d'accès et le *Répéteur* qui étend la portée d'un signal wifi.

CONNEXION WIFI, PLUS OU MOINS SIMPLE

Les appareils numériques échangent des données en wifi avec l'extérieur soit en mode infrastructure soit en mode *ad hoc*. C'est le logiciel de pilotage installé sur l'ordinateur, le smartphone, ou la tablette – par la suite je dirai OST – qui gère la chose de façon transparente.

L'intégration du wifi dans les appareils a bien simplifié certains usages photographiques. C'est le cas ici avec ce mât de 10 m utilisé pour de la photo d'architecture – ici, le château de Vaux le Vicomte. Les photos de cette séance de prise de vue ont été utilisées pour réaliser des cartes postales. Pour la sécurité le mat est haubané. Le fil que l'on voit sur la photo sert à commander l'orientation de la rotule électrique qui porte l'appareil – en plein soleil, c'est plus sûr que la liaison infrarouge.

Dans beaucoup de cas, cette connexion wifi est exclusive : si le smartphone qui reçoit la communication de l'appareil était connecté à un hotspot, il perd cette connexion. Quelques appareils acceptent les deux modes de connexion, *infrastructure* et *ad hoc* (Canon, Panasonic). Si l'on utilise le premier mode, alors l'appareil photo et l'OST se connectent tous les deux au point d'accès. Lorsque je fais des opérations à l'extérieur du studio, notamment en événementiel, j'utilise un ordinateur portable comme *hot spot*, grâce à Connectify. Ce logiciel fonctionne en tâche de fond et gère un réseau wifi permettant les échanges entre ordinateurs, tablettes, smartphones et autres périphériques wifi. Si l'ordinateur hotspot est raccordé à internet, il peut partager cette connexion avec les autres membres.

Pour les appareils récents, l'appairage avec un smartphone ou une tablette peut s'effectuer en NFC. Il faut évidemment que les deux systèmes soient équipés de la puce NFC et que l'on approche suffisamment l'une de l'autre pour que la communication s'établisse, sans autre manipulation.

En l'absence de ce dispositif, il faut retourner aux méthodes classiques : connexion au SSID (*Service Set Identifier : nom du réseau*), saisie du mot de passe et espérer que tout se passe bien. Suivant les opérations à effectuer, la connexion se fait à partir de l'appareil ou à partir du smartphone ou de l'ordinateur. Pour simplifier les manipulations, certains systèmes (notamment Sony) affichent un QR code qu'il suffit de photographier pour que l'opération se réalise. Ceci est très facile à faire avec un smartphone ou une tablette, beaucoup moins évident avec un ordinateur. Pourtant, la connexion wifi est aussi utile dans les deux cas.

PRISE DE VUE EN STUDIO AVEC WIFI

À partir d'un ordinateur, elle permet de commander à distance l'appareil comme en connexion USB, mais sans fil à la patte, ce qui est bien utile si le photographe doit se déplacer. En studio portrait, j'utilise systématiquement ce dispositif qui présente un double intérêt. D'abord il calme le jeu en imposant de regarder la photo qui vient d'être prise avant de passer à la suivante. Ensuite, il permet de discuter avec la personne photographiée pour voir ce que l'on peut améliorer et surtout ce qui va bien. En effet, les sujets que l'on photographie en studio sont rarement à l'aise au démarrage : conditions inhabituelles, sources d'éclairage impressionnantes, objectif inquisiteur... Le fait de découvrir tout de suite le résultat sur un grand écran a un effet libérateur incontestable. Cela ouvre le dialogue, apporte des encouragements. Et le photographe utilise discrètement l'observation de ces clichés pour améliorer sa lumière, trouver le bon angle de prise de vue ou encore examiner ce qui réussit à son modèle.

J'ai tenté d'utiliser la connexion wifi dans des conditions voisines, en photo scolaire. Là, le problème est différent. Il faut aller vite et le temps de transférer l'image sur l'ordinateur paraît bien long. J'ai abandonné ce dispositif

Une autre prise de vue avec le mât, ici de 7 m. Pour photographier cette nappe ancienne en broderie, il était moins risqué de la poser au sol, sur un morceau de papier de fond. L'appareil, un Nikon D800, est piloté en wifi par un module Wye Feye. Remarquez l'installation pour maintenir la tablette à l'ombre. À l'extérieur, un modèle avec un excellent écran est indispensable. À noter également les lests sur le bas du mât.

depuis que j'utilise un Sony A7 III pour ces prises de vue. La vue immédiate dans le viseur du cliché venant d'être pris indique avec suffisamment de précision si l'image est bonne : yeux ouverts, et regardant l'appareil, nez propre, sourire charmeur... Depuis que j'utilise cet appareil j'ai abandonné le wifi et gagné pas mal de temps pour "shooter" une classe.

DIFFICILE DIALOGUE AVEC L'ORDINATEUR

Un autre endroit où j'utilise volontiers le transfert wifi est dans les animations avec photo call, lorsque l'on doit tirer dans la foulée les photos venant d'être prises. Le fait que les participants voient immédiatement leur cliché les rassure – et aussi le photographe. Il a bien sûr fallu résoudre les problèmes d'interférences évoqué plus haut. Une fois que la photo est arrivée à l'ordinateur, il n'y a plus qu'à l'envoyer sur l'imprimante, et elle est disponible une trentaine de secondes plus tard. Cela dit, en *photo call*, j'ai expérimenté à plusieurs reprises un dispositif que j'ai baptisé *super selfie*. Il consiste à placer un appareil numérique (un Sony A6000 ou 6500) juste dessous un écran de 32 ou 40 pouces. La connexion utilisée ici est seulement HDMI. Dans les menus de ces appareils, il est possible de choisir un déclenchement automatique lorsqu'il y a suffisamment de sourires adressés à l'appareil photo. À chaque soirée où j'ai utilisé ce procédé, il a eu un succès fou. Pour pimenter un peu les choses j'ai ajouté un déclencheur radio à distance qui me sert à prendre les photos sournoisement, quand les participants ne s'y attendent pas.

En studio de portrait, et *photo call*, lorsque j'utilise le wifi, c'est un Canon qui a ma préférence. Le logiciel Canon Utility qui gère la manœuvre est celui qui m'a posé le moins de problèmes de mise au point. Et au moins il fait les choses simplement, ce qui n'est pas le cas avec les autres appareils. Chez Sony, je n'ai toujours pas réussi à raccorder en wifi appareil et ordinateur sous Windows. La manœuvre est censée réalisable avec le logiciel – très amateur – Play Memory. Selon la notice, il faut commencer par paramétrer l'appareil avec une liaison USB. Mais avec trois appareils et quatre ordinateurs différents (sous Windows 7 et 10), je n'ai jamais réussi à établir la connexion. Quant à Nikon, la chose est simplement impossible avec le seul boîtier. Pour piloter un appareil reflex récent et haut de gamme ou un hybride Z6 ou Z7 en wifi depuis un PC, il faut utiliser un

Pour la chasse photo à l'affut, la commande à distance wifi est un outil efficace. *Sony A6000 zoom 55-210 mm @ 210 mm f/6,3 • 1/50 s • 3 200 ISO*

Le retardateur, c'est dépassé. Avec son smartphone, le photographe reste dans le groupe et surveille le moment propice à la prise de vue. *Sony A7R II • objectif Samyang AF 35 mm • f/10 • 1/60 s • 200 ISO*

En photographie astronomique aussi, le wifi est un outil irremplaçable. Il participe au cadrage, à la mise au point et au suivi à distance (au chaud, en hiver !). Lune gibeuse montante.
Panasonic G6 • télescope Celestron Edge 203/2 000 mm • 1/10 s • 160 ISO

transmetteur wifi externe WT-7. Coût de l'accessoire : 1160 € !

COMMANDE À DISTANCE

La gestion à distance d'un appareil numérique se pratique beaucoup plus facilement à partir d'un smartphone ou d'une tablette. C'est vrai que pour les applications amateures il est plus important d'envoyer des images sur un téléphone, afin de les transférer ensuite au monde entier. Facebook et Snapshat sont passés par là ! Mais des utilisations très professionnelles sont réalisables à partir de ces connexions.

L'application wifi que j'utilise le plus en photo s'intéresse au pilotage à distance d'un appareil. Il y a les moyens d'en tirer des clichés difficiles à obtenir autrement. La mise en œuvre est assez similaire dans les différentes marques. Il faut d'abord installer sur un smartphone ou une tablette une application téléchargée depuis Google Play ou l'App Store. Pour Canon, c'est maintenant Camera Connect, après avoir été EOS Remote. Fuji propose FujiFilm Camera Remote. Chez Nikon, SnapBridge a succédé à WMU. Sony utilise Imaging Edge Mobile en remplacement de PlayMemory Mobile. Olympus propose OI.Share. Panasonic dialogue depuis le début par le biais de Image App.

Une fois l'appli téléchargée et installée, il faut connecter appareil et smartphone ou tablette. La mise en relation est assez classique, avec SSID et mot de passe (pas systématique). Chez Sony et Panasonic, l'opération est simplifiée par la génération d'un QR code qu'il suffit de capturer avec l'appareil photo du périphérique à associer. Dans cette pratique, je n'ai jamais rencontré de difficulté, contrairement aux opérations avec ordinateur. Tous les appareils photos que j'ai testés ont immédiatement accepté le dialogue. Après, c'est la qualité des applications qui apporte le confort d'utilisation. Ou pas.

DES APPLIS À PEAUFINER

Certaines restent bien sommaires et mal présentées, n'autorisant pas un accès à tous les réglages nécessaires de l'appareil. Parmi les bonnes notes, il y a Canon qui bénéficie en plus de la touche spécifique, sur l'appareil, pour lancer la communication wifi. Autre bon point pour Panasonic qui donne accès à un maximum de paramètres de réglage de l'appareil, y compris le passage en prise de vue vidéo. En plus, il maintient l'affichage sur le moniteur de l'appareil. L'application de Sony Imaging Edge maintient également l'affichage, mais elle est plus limitée dans le choix des réglages accessibles. La plus rustique reste celle de Nikon, SnapBridge. Elle est assez longue à établir la connexion et ne permet que peu d'interventions

En prise de vue de bâtiments, le fait de pouvoir se placer à mi-hauteur de la façade à photographier améliore nettement la qualité de l'image, même avec un très grand angle. Ici, un 14 mm monté sur un reflex 24 x 36 Nikon D800, géré par Weye Feye.

dans les paramètres de prise de vue. Une connexion sans fil est apparue il y a peu de temps sur les appareils photo numériques : le Bluetooth. Elle ne cherche pas à remplacer le wifi, mais à la compléter. Elle est peu rapide pour véhiculer des fichiers images, mais comme elle consomme moins de courant que sa consœur, on peut lui confier du transfert à petite vitesse, en tâche de fond, appareil en veille. Surtout, cette connexion ayant une faible portée a besoin de moins de sécurité que le wifi. L'appairage avec un appareil peut se faire une fois et se réenclencher dès que le dispositif apparié passe à proximité.

Les appareils qui bénéficient de la connexion Bluetooth s'en servent pour simplifier la mise en route wifi, pour exploiter une télécommande, pour ajuster leur horloge et surtout pour récupérer les informations de localisation (GPS) du smartphone et les intégrer dans les données Exif des photos. Avec cela, on peut facilement placer les images prises sur une carte Google Maps. La plupart des fabricants proposent une application qui réalise l'opération, en ajoutant un repère sur la carte et une vignette de la photo. Utile pour retrouver où l'on a voyagé. J'utilise volontiers ce dispositif lorsque je fais des repérages photo. Il ne reste plus qu'à transférer les données dans le GPS de la voiture pour retrouver précisément l'endroit.

UNE AIDE PRÉCIEUSE

J'ai donné plus haut quelques idées de ce que permettent ces liaisons sans fil. Elles ont pris beaucoup d'importance dans ma pratique photographique parce qu'elles permettent de réaliser des prises de vue difficiles, voire impossible à réussir autrement. J'ai déjà cité dans ces pages (lire *Compétence Photo n° 48*) une des applications que j'exploite régulièrement en prise de vue

Voici deux solutions efficaces pour monter le point de vue : le mât ou le pied tenu à bout de bras. La commande wifi est assurée par un assistant qui tient la tablette devant les yeux de porteur (pas ici, vu qu'il prend la photo du dispositif !).

Ici, l'appareil (Sony A6000) est monté sur une perche de 5 m. Un smartphone fixé par un support pour vélo se retrouve devant les yeux du photographe – une photo pour une carte postale. Il était important de monter suffisamment haut afin de ne pas trop masquer le bas de l'église.
Sony A6000 • 10-18 mm @ 10 mm • f/9 • 1/250 s • 125 ISO

d'architecture. Lorsqu'il y a peu de recul disponible pour photographier un bâtiment, la seule solution pour obtenir une photo non déformée au grand angle est de placer le point de vue à mi-hauteur de la façade photographiée. Autrefois, je réalisais l'opération du haut d'une grande échelle, lorsqu'il y avait un point d'appui pour la maintenir. Ou alors parfois il fallait louer à grands frais une nacelle sur laquelle j'avais vite le vertige. Puis j'ai réalisé des prises de vues avec des mâts, dont un pouvant monter à un peu plus de 10 m, en exploitant la connexion USB de l'appareil numérique et un ordinateur portable. Aujourd'hui, j'utilise systématiquement une tablette communiquant en wifi avec l'appareil. En haut du mât, une rotule électrique télécommandable par fil ou infrarouge oriente l'appareil. Tous les réglages et la visée se font sur la tablette qui récupère en plus une image de deux mégapixels pour contrôler la réussite de la prise de vue.

DES IDÉES D'APPLICATION

Lorsque je photographie des monuments pas très hauts, comme des pavillons d'habitation, je laisse de côté le grand mât et prends seulement mon pied de prise de vue. Je l'étends au maximum et je le porte à bout de bras pendant qu'un assistant – en général le client pour qui je fais les photos – me tient la tablette devant les yeux pour vérifier la position de l'appareil. C'est aussi lui qui déclenche avec la tablette, puisque j'ai les deux mains prises. Avec cette solution, l'appareil monte à 4,20 m, ce qui est souvent suffisant. J'ai aussi bricolé une perche qui peut monter

Plutôt que de se mettre à plat ventre dans la rosée, le photographe peut fixer son appareil sur un petit pied et faire les réglages et la prise de vue en wifi.
Sony A7 III • 70-300 mm @ 172 mm f/9 • 1/1 250 s • 800 ISO • bonnette achromatique +3,0 D

à 5 m et que je tiens d'une main en la posant au sol. J'ai fixé dessus, à hauteur d'œil, un smartphone avec une attache pour guidon de vélo. Il me sert à prendre des photos ou des vidéos en passant au-dessus de la foule dans des événements sportifs. Je l'utilise encore pour atteindre des points de vue inaccessibles à cause de la végétation ou de l'eau. Le pilotage wifi avec la visée live donne le même résultat que si j'avais l'appareil en mains, avec un écran plus grand et plus lisible, surtout si je prends soin de lui installer un baffle pare-soleil. Ces utilisations avec un mât réclament évidemment un appareil pas trop lourd – sauf le mât de 10 m qui peut supporter 10 kg d'instruments. C'est donc plus volontiers un hybride APS-C ou Micro 4:3 qui réalisera ces prises de vue.

À maintes reprises, le mât et la commande wifi m'ont servi à photographier des groupes importants. C'est plus facile à gérer qu'un drone et les résultats sont meilleurs parce que l'on peut monter un appareil haute définition. J'utilise en général un Sony A7R II pour ces prises de vue, ce qui produit des images pouvant être vraiment agrandies.

J'utilise encore cette fonctionnalité wifi en chasse photo. Ainsi, l'appareil s'éloigne du photographe et se rapproche de l'animal, rendant moins indispensable l'usage d'un long téléobjectif. Bien sûr, il faut avoir repéré au préalable les habitudes de la "proie" pour installer l'appareil au bon endroit. Pour résoudre ce problème de localisation, j'étudie la possibilité d'un drone terrestre, un petit chariot à chenilles commandé lui aussi en wifi, équipé d'une webcam

Ce nymphéa exotique était trop loin du bord du bassin. Mais une rallonge (un simple monopode) et la commande wifi a permis de l'approcher.
Sony A6500 • 55-210 mm @ 188 mm • f/8 • 1/400 s • 200 ISO

qui permet de le conduire en ayant un angle de vue supérieur à l'appareil. Il faut deux tablettes pour gérer les manipulations.

VISÉE DISTANTE

Une autre application du pilotage wifi à distance me sert fréquemment : la photographie sur instrument optique. Lorsque je monte un appareil photo sur un télescope pour de la prise de vue astronomique, c'est systématiquement la commande wifi à distance qui permettra de faire les réglages de l'appareil, de fignoler la mise au point, et de déclencher. Comme on ne touche pas l'instrument à ce moment-là, cela évite des flous. Dans les observations hivernales, l'astrophotographe reste au chaud pendant que l'installation réalise les clichés. Ce système est plus intéressant qu'une simple télécommande radio, parce qu'il apporte un retour à distance de l'image capturée. En photomicrographie aussi j'utilise ce dispositif wifi. L'appareil étant monté sur la sortie trinoculaire du microscope, assez haut à cause de l'oculaire photographique et des bagues, il faudrait se lever à chaque fois pour modifier un réglage de pose ou de mise au point. Avec la communication wifi, je vois en grand sur la tablette l'image de visée, ce qui aide à faire une focalisation précise. Il reste à traquer le sujet avec les oculaires d'observation et la tablette pour prendre efficacement les photos. Bien sûr, ces opérations un peu sérieuses ne sont pas les seules à portée du wifi photographique. Dans nos réunions de famille, par exemple, nous prenons systématiquement une photo souvenir. Autrefois, avec le retardateur, l'opérateur devait courir vite pour se placer, et la photo était prise sans contrôle. Avec l'appareil wifi, le photographe prend le temps de vérifier le cadrage et la bonne position des participants avant de déclencher. Bien sûr, il doit cacher son smartphone, mais ce n'est pas le plus compliqué.
On voit bien que ce ne sont pas les applications qui manquent. Bien sûr, il reste encore aux appareils, et surtout aux logiciels, quelques améliorations pour que la pratique en soit plus confortable. Si votre reflex ne dispose pas de la puce wifi, sachez qu'il existe un dispositif qui fonctionne avec les Canon et Nikon : Weye-Feye de Xsories. Un des modèles ne sert qu'à transférer les photos vers l'ordinateur : Share. L'autre, 1.1, donne accès à toutes les fonctions de commande à distance.
Ce que j'ai décrit ici vous incitera, je l'espère, à expérimenter ces nouvelles fonctions accessibles à nos appareils photo. Encore une fois, le numérique montre qu'il augmente nos opportunités créatives. Sachons en profiter ! ■

Ces hérons Bihoreau avaient colonisé l'arbre. Ils y revenaient donc régulièrement. Le photographe a placé l'appareil sur pied, pris ses distances en wifi et attendu le bon moment. *Sony A7 III • 70-300 mm @ 300 mm • f/9 • 1/320 s • 100 ISO*

Téléchargez le gabarit sur notre site web
www.competencephoto.com

Fabriquez votre premier ***kit d'Apple Boxes***

Conçues en bois, les Apple Boxes se révèlent très utiles lors d'un shooting photo pour créer un siège pour votre modèle ou bien des socles pour tous types d'usage. Les combinaisons sont multiples grâce à ce kit complet de quatre boîtes.

PAR **HERVÉ CAFOURNET**

Un kit d'Apple Boxes est généralement composé de quatre boîtes en bois, de largeur et de longueur identiques (50x30cm). L'épaisseur de la plus grande boîte est de 20 cm, tandis que celle des trois autres est toujours la moitié de la précédente, soit 10 cm, 5cm et 2,5 cm. Les noms (anglophones) de ces boîtes sont respectivement *Full* pour la plus grande, puis *Half*, *Quarter* et *Pancake*. En empilant ces boîtes, vous créerez des sièges ou des socles pour vos sujets d'une hauteur minimum de 2,5cm, et jusqu'à 152,5 cm. Cela en fait une solution très polyvalente pour vos sujets mais aussi pour votre dos, avec une station assise basse en cas de prise de vue au ras de la table. Le kit que nous vous proposons de fabriquer présente une particularité : la plus grande boîte (la *Full*) fait également office de coffre de rangement pour les trois autres ; vous limitez ainsi le volume de stockage de l'ensemble. De fait, elle sera donc un peu plus longue et plus large que les trois autres. Pour autant, cela ne posera pas de souci à l'usage. Et comme d'habitude, le coût de revient de ce bricolage est plus que réduit !

1 FABRICATION DES APPLE BOXES

ÉTAPE 1

Trouvez l'épaisseur de la lame de votre scie circulaire (ou égoïne) ou mesurez-la à l'aide d'un pied à coulisse. Puis, conformément au gabarit à télécharger sur *www.competencephoto.com*, tracez les différentes pièces du kit sur la planche de contreplaqué – je vous conseille de la faire découper en deux au milieu par le magasin. Les dimensions des pièces à découper sont les suivantes :

• Face/Dos *Full* (x 2)	532 x 332 mm
• Côté *Full* (x 2)	517 x 182 mm
• Porte Avant *Full*	332 x 182 mm
• Arrière *Full*	302 x 182 mm

Pour les trois autres boîtes :

• Face (x 6)	500 x 300 mm
• Côté *Half* (x 2)	500 x 70 mm
• Avant/Arr. *Half* (x 2)	270 x 70 mm
• Côté *Quarter* (x 2)	500 x 20 mm
• Avant/Arr. *Quarter* (x 2)	270 x 20 mm

Ces dimensions tiennent compte d'une épaisseur de planche de 15 mm. L'épaisseur idéale de 12 mm n'est en effet pas toujours stockée chez les distributeurs comme Leroy Merlin ou encore Castorama.

La plus grande des boîtes (la *Full*) fait également office de coffre de rangement pour un encombrement réduit.

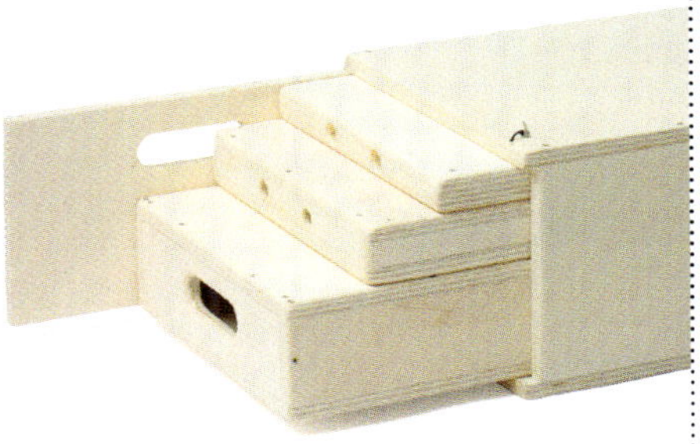

ÉTAPE 2

Lorsque vous tracerez les pièces sur les deux parties de la grande planche de contreplaqué, espacez-les de l'épaisseur de la lame de la scie que vous utiliserez. Ainsi, après la découpe, les pièces conserveront les dimensions indiquées. Cette étape est déterminante et nécessitera toute votre attention. Servez-vous d'une grande règle et/ou d'une longue barre rectiligne ainsi que d'une équerre. Vérifiez chaque côté de rectangles que vous tracerez afin d'éviter les formes trapézoïdales.

ÉTAPE 3

Découpez toutes les pièces avec une scie circulaire ou égoïne. Servez-vous d'une règle pour conduire la scie circulaire et éviter ainsi toute déviation. Pensez également à surélever la planche afin d'éviter de toucher le sol ou votre établi avec la lame de la scie. Ôtez les échardes en frottant légèrement les angles au moyen d'une lime.

ÉTAPE 4

Tracez les ouvertures : ce sont des rectangles de 10 x 3 cm à placer aux centres des pièces Avant/Arr. *Half*. Placez aussi deux ouvertures sur la Porte Avant et l'Arrière *Full*. Chaque ouverture doit être à 3 cm des bords supérieur et inférieur. Au sein de chacun de ces rectangles, placez un point à 1,5 cm de chaque côté court,

ÉTAPE 1

ÉTAPE 2

ÉTAPE 3

ÉTAPE 4

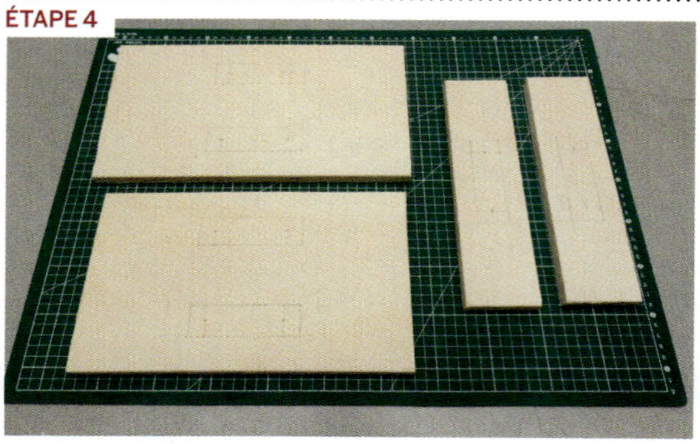

ÉTAPE 5

ÉTAPE 6

ÉTAPE 7

et au milieu de l'épaisseur du rectangle, comme indiqué sur la photo.

ÉTAPE 5

Percez chaque ouverture sur les repères tracés à l'aide d'une mèche plate de 3 cm de large. Mieux vaut utiliser un kit de perçage vertical pour perceuse, ou mieux une perceuse à colonne. Maintenez fermement les pièces sur le socle car elles pourraient vibrer fortement à la fin du perçage.

ÉTAPE 6

Après avoir percé les deux extrémités de chaque ouverture des pièces *Full* et *Half*, rejoignez les deux trous avec une scie sauteuse en suivant les traits de l'ouverture déjà tracés. Surélevez les pièces à découper en empilant quelques chutes de tasseau. Ces deux empilages devront avoir la même hauteur.

ÉTAPE 7

Poncez les ouvertures avec une lime à surface arrondie sur les deux faces de chaque ouverture. Il s'agit ici de dégrossir le travail qui sera ensuite totalement affiné lors du ponçage. Cela vous évitera tout de même des échardes lors de l'assemblage de ces pièces. Assemblons dans un premier temps la *Full*.

ÉTAPE 8

Prenez une face de la *Full* et pré-percez avec un foret Ø 2 mm cinq trous équidistants sur les deux longs côtés, à 8 mm du bord, en partant d'un coin jusqu'à 10 mm de la longueur maximale de la pièce Côté *Full*, soit 507 mm. Placez ensuite le côté sur la tranche et montez les vis 3x40 mm. Alignez parfaitement le côté en fixant la première et la dernière vis avant de fixer les trois autres intermédiaires.

ÉTAPE 9

Avant de procéder de manière identique avec l'autre Côté *Full*, vérifiez l'espace nécessaire pour fixer la pièce arrière qui doit être calée avec précision afin qu'il n'y ait pas d'écart avec la pièce Arrière *Full*, et que l'espace intérieur soit de la même largeur que cette pièce, soit 302 mm. Pré-percez cinq trous équidistants pour la fixer sur la face. Fixez ensuite l'autre Côté *Full* en vous assurant toujours de cette largeur intérieure de 302 mm. Pour garantir une parfaite résistance, prévoyez également deux vis destinées à fixer chaque Côté *Full* sur l'Arrière *Full*. En procédant ainsi, l'ensemble affichera à n'en pas douter une solidité maximale.

ÉTAPE 10

Pré-percez l'autre face *Full* et fixez-la sur l'ensemble avec les vis à bois. Si vous ne pré-percez pas, le bois risque de se fendiller et de ruiner votre montage, car les trous sont à 8 mm du bord. Poncez le côté supérieur de la Porte Avant *Full* afin que la largeur de la porte soit légèrement inférieure à celle de l'espace. Cela l'aidera à pivoter sans peine.

ÉTAPE 8

ÉTAPE 9

Fournitures et outils

FOURNITURES

- 1 panneau contreplaqué en peuplier 250 x 122 cm, ép. 15 mm
- 1 boîte de 100 vis à bois tête fraisée 3 x 40 mm
- 4 vis à bois tête fraisée de 3 x 25 mm
- 1 clou à tête large 3,12 x 45 mm
- 10 cm de cordelette élastique Ø 1,8 mm

OUTILS

- une paire de ciseaux
- une règle de 60 cm minimum
- une grande équerre
- un critérium
- une scie à métaux ou pince coupante
- une scie sauteuse et sa lame pour bois
- une perceuse et kit de perçage vertical
- des forets à métaux Ø 2 et 3 mm
- deux mèches plates Ø 16 et 30 mm
- un petit chanfrein
- une barre rectiligne au profil carré ou rectangulaire d'un mètre
- une ponceuse vibrante et du papier à poncer 120 ou 180
- une scie circulaire ou égoïne
- un marteau
- une corde à piano Ø 2 mm

Combien ça coûte ?

Contreplaqué peuplier + coupe droite : **58,90 €** (réf. 69124251) chez Leroy Merlin ; vis à bois : **5,35 €** (réf. 3663602757030) ; autres vis et clou : **1,50 €** (sac en vrac) le tout chez Castorama ; cordelette élastique : **1 €** chez Fil 2000 ; montant total des achats : **67 € env.**

Coût réel du kit d'Apple Boxes : 45 €
(en tenant compte des quantités utilisées)

En comparaison, un jeu d'Apple Boxes Matthews coûte 167 € chez Objectif Bastille, sans la Pancake. Chez Amazon, un kit complet de marque Udengo coûte 164 €.

ÉTAPE 11

À l'aide d'une ponceuse vibrante, poncez l'angle intérieur de la porte à 45° avant de l'arrondir dans un mouvement d'avant-arrière régulier jusqu'à obtenir une belle courbe arrondie sur son épaisseur. Ici aussi, il faut faire preuve de patience et de régularité dans vos gestes : ils doivent s'étaler sur toute la largeur avant de changer légèrement d'angle.

ÉTAPE 12

À l'aide d'une grosse pince coupante ou d'une scie à métaux, découpez deux tronçons de 4,5 cm de long dans la corde à piano Ø 2 mm. Percez un trou à 8 mm du bord de la boîte *Full* avec un foret Ø 2 mm. Placez ensuite la porte avec le bord arrondi dans le prolongement du trou ; puis enfoncez un tronçon de corde à piano avec un marteau jusqu'à ce qu'il rentre totalement. Faites de même sur l'autre bord de la boîte. Vous avez une charnière. Vérifiez la rotation de la porte qui devra s'ouvrir à la verticale.

ÉTAPE 10

ÉTAPE 11

ÉTAPE 12

ÉTAPE 13

ÉTAPE 13

Maintenez à présent la porte fermée puis percez un autre trou près du bord opposé au moyen d'un foret Ø 3 mm sur une profondeur de 4 cm environ. Une fois l'opération terminée, ouvrez légèrement la porte.

ÉTAPE 14

Percez maintenant le même trou de la boîte au moyen d'un foret Ø 3,5 mm, mais cette fois, sans percer la porte à nouveau. Ensuite, à l'aide du même foret, percez un autre trou à 8 mm à gauche du premier trou. Chanfreinez-le assez profondément à l'intérieur puis passez-y un bout de lanière élastique de Ø 2 mm. Faîtes enfin un double-nœud à l'extrémité de la lanière.

ÉTAPE 15

Attachez le clou après 1 cm de corde élastique, en faisant un double nœud. Vous devrez pouvoir saisir le clou et l'enfoncer dans le trou afin qu'il bloque la porte fermée. Ce clou ayant un diamètre légèrement supérieur, la fermeture sera assez ferme. Il vous suffit ensuite de chanfreiner le trou où doit passer le clou assez profondément afin que le nœud et la tête du clou soient à la même hauteur du bois. Vu son placement très du bord, le chanfrein sera suffisant pour que vous puissiez saisir le clou et l'ôter sans trop d'effort.

ÉTAPE 16

Une fois l'assemblage de la première boîte terminé, fermez la porte avant de poncer chaque face, l'intérieur de chaque poignée, ainsi que tous les bords de façon à n'avoir aucun angle ou coin saillant et surtout aucune écharde qui accrocherait les vêtements ou la peau du sujet qui s'installerait dessus. Là encore, patience et abnégation. Protégez vos yeux avec des lunettes et vos voies respiratoires avec un masque.

ÉTAPE 17

Attaquons maintenant le montage de la boîte *Half* (10 cm). Pré-percez les deux faces avec un foret Ø 2 mm sur les bords des deux faces : cinq trous pour chaque cloison sur les longueurs et quatre autres sur les largeurs, à 8 mm du bord. Par conséquent, dans la largeur, vous en aurez six, comme sur l'image de cette

ÉTAPE 14

ÉTAPE 16

ÉTAPE 17

ÉTAPE 15

ÉTAPE 18

Téléchargez le gabarit sur notre site web
www.competencephoto.com

étape afin d'éviter que la vis ne ressorte par la poignée centrale. Montez ensuite l'ensemble pour que les cloisons soient alignées au bord d'une face avant de monter l'autre.

ÉTAPE 18

Pour la boîte *Quarter*, prévoyez seulement trois vis par cloison. Vu son épaisseur, les vis sur l'autre face devront être légèrement décalées pour éviter qu'elles ne se rencontrent dans le bois. Si les découpes des pièces sont justes, tout devrait se monter sans problème.

ÉTAPE 19

Une fois la boîte montée, percez deux trous distants de 8 cm environ au centre de chaque largeur. Mieux vaut percer ces trous après le montage car la partie centrale tiendra grâce aux deux vis fixées sur chaque face.

ÉTAPE 20

Enfin, concernant le *Pancake*, pré-percez et fixez les deux faces l'une contre l'autre au moyen de vis 3 x 25 mm dans deux coins en diagonale sur une face, et deux autres vis sur les coins de l'autre diagonale. Si vous tenez à la précision de l'épaisseur, rabotez chaque face jusqu'à obtenir une épaisseur réglementaire de 25 mm.

ÉTAPE 21

Comme pour la boîte *Quarter*, percez deux trous distants de 8 cm environ avec une mèche plate de 16 mm. Utilisez une meule ronde pour chanfreiner le bord des trous sur la boîte *Quarter* et le *Pancake*. Poncez l'ensemble des autres boîtes comme la première : chaque face, les arêtes et les coins. Il faut que ce soit doux au toucher !

ÉTAPE 19

ÉTAPE 20

ÉTAPE 21

2 QUELQUES CONSEILS D'UTILISATION

1 Mieux vaut éviter de verser des liquides sur les boîtes, surtout si elles ne sont pas peintes ou vernies. Prévoyez des dessous de verre ou des tissus absorbants si elles servent de table pour vos sujets ou modèles.

2 Quand vous les empilez, assurez-vous que l'équilibre de votre montage est stable. Étant relativement lourdes, elles risquent de blesser si elles tombent sur un pied ou un orteil.

3 Elles supportent sans problème le poids d'un homme – nous avons testé jusqu'à 100 kg. Placez néanmoins les pieds plutôt près des bords afin d'éviter que le milieu ne ploie sous le poids du sujet.

4 Évitez de placer le *Pancake* en position *New York* ou *Chicago* – lire plus loin – tout seul, car sa faible épaisseur apporterait alors un équilibre précaire.

5 Manipulez-les avec les deux mains et les poignées prévues à cet effet. Cela vous évitera de vous pincer les doigts quand vous les poserez à l'endroit désiré.

6 Ces boîtes sont également très utiles pour photographier deux personnes de tailles différentes. Il suffit de placer le sujet le plus petit sur la boîte adéquate afin de trouver un équilibre plus harmonieux.

7 Si vous êtes motivé, fabriquez-vous un second kit d'Apple Boxes ; vous serez alors prêt à toute éventualité. ■

Les Apple Boxes en pratique

LA TERMINOLOGIE

Ce sont les noms de grandes villes américaines qui déterminent l'orientation de ces boîtes d'origine outre-Atlantique. Cela facilite grandement les instructions que vous pourriez donner à un assistant lors d'un shooting en studio.

POSITION NEW YORK

Le plus long côté est orienté verticalement.

POSITION CHICAGO

(ou position *Texas*) La largeur est orientée verticalement.

POSITION L.A.

L'épaisseur est orientée verticalement.

EXEMPLE N°1

Commençons par un exemple simple. Placez devant le repère noir au sol une boîte *Half* en position *New York*.

EXEMPLE N°2

Empilez une *Quarter* et un *Pancake* en position *L.A.* sur une *Full* en position *New York*.

EXEMPLE N°3

Placez la *Full* en position *L.A.* sur une *Half* et une *Quarter* en position *Chicago*. Une table idéale pour photographier des objets.

CAS N°1 PORTRAIT ASSIS

Avec les sièges, trouver la bonne hauteur – et le bon siège – n'est jamais aisé. Je dispose bien d'un jeu de coussins pour surélever mes sujets, mais ensuite c'est le contact des pieds au sol qui n'est plus optimal. Parfois, c'est le coude qui semble trop haut ou trop bas. Grâce au kit d'Apple Boxes, vous trouverez la position idéale, comme par exemple ici pour ce portrait assis. J'ai placé notre modèle Sizwé sur la *Full* en position *New York*, avec la *Half* en position *Chicago* sous le pied gauche et le pied droit sur la *Quarter* en *L.A.* Quant à la boîte *Pancake*, elle est présente uniquement pour décorer.

CAS N° 2
PLAN TAILLE

Pour cette image, je souhaitais obtenir un plan taille simulant une sortie de douche, avec le buste un peu incliné, regardant par la fenêtre des jeunes s'amuser. L'inclinaison de son buste était importante pour obtenir ce regard bienveillant au sourire malicieux. Pour ce faire, j'ai placé la *Half* en position *L.A.*, hors champ sous son pied gauche ; elle a ainsi servi de point d'appui pour une position du haut du corps plus naturelle.

Canon Eos 5D Mark IV • 100 mm
f/8 • 1/160 s • 400 ISO

CAS N° 3
PORTRAIT EN PIED

Pour ce portrait en pied, je souhaitais enfin une pose plus informelle, détendue, et plus en rapport avec le jeune âge du sujet. J'aurais très bien pu empiler la *Half* et la *Full* en position *New York* et fournir un accoudoir ; j'ai préféré placer la *Half* et la *Quarter* en position *Chicago* sur la *Full* en *New York*, juste sous sa cuisse, accentuant ainsi le côté désinvolte et ludique du modèle.

Canon Eos 5D Mark IV • 50 mm
f/8 • 1/160 s • 400 ISO

HORS-SÉRIES

Hors-série n° 7 • 12,90 €
Lightroom : bien débuter

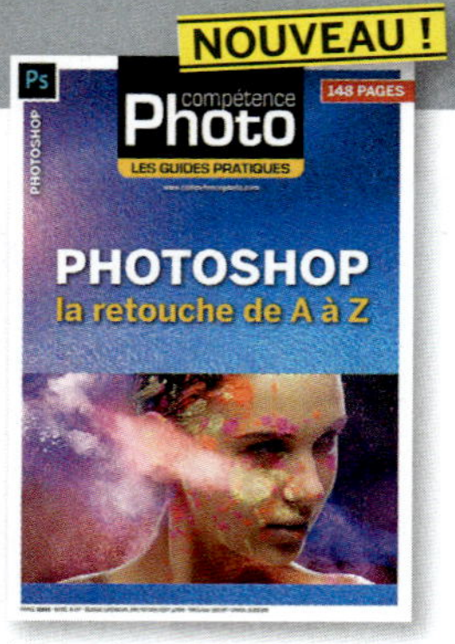

Hors-série n° 8 • 12,90 €
Photoshop de A à Z

LIVRES

Le droit à l'image
2e éd. (640 pages) • 33 €

Vendre ses photos
5e éd. (528 pages) • 33 €

Hors-série n° 5 • 12,90 €
Votre premier studio photo

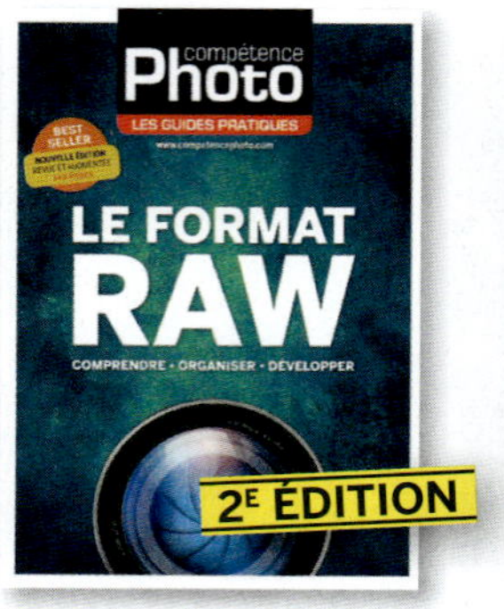

Hors-série n° 4 • 12,90 €
Le format Raw - 2e éd.

Hors-série n° 6 • 7,90 €
Guide d'achat matériel 2017

La photo urbaine
226 pages • 25 €

LE MAGAZINE

chaque exemplaire : 6 €

☐ n° 4	☐ n° 27	☐ n° 48
☐ n° 5	☐ n° 28	☐ n° 49
☐ n° 6	☐ n° 29	☐ n° 50
☐ n° 8	☐ n° 30	☐ n° 51
☐ n° 9	☐ n° 31	☐ n° 52
☐ n° 11	☐ n° 32	☐ n° 53
☐ n° 12	☐ n° 33	☐ n° 54
☐ n° 14	☐ n° 34	☐ n° 55
☐ n° 15	☐ n° 35	☐ n° 56
☐ n° 16	☐ n° 36	☐ n° 57
☐ n° 17	☐ n° 37	☐ n° 58
☐ n° 18	☐ n° 38	☐ n° 59
☐ n° 19	☐ n° 39	☐ n° 60
☐ n° 20	☐ n° 40	☐ n° 61
☐ n° 21	☐ n° 41	☐ n° 62
☐ n° 22	☐ n° 42	☐ n° 63
☐ n° 23	☐ n° 43	☐ n° 64
☐ n° 24	☐ n° 44	☐ n° 65
☐ n° 25	☐ n° 45	☐ n° 66
☐ n° 26	☐ n° 46	☐ n° 67

chaque exemplaire : 6,50 €

☐ n° 68 ☐ n° 69 ☐ n° 70
☐ n° 71

HORS-SÉRIE

☐ Photoshop de A à Z
hors-série n°8 • 148 p. • 12,90 €

☐ Lightroom : bien débuter
hors-série n°7 • 148 p. • 12,90 €

☐ Le format Raw - 2e éd.
hors-série n°4 • 148 p. • 12,90 €

☐ Créer son studio photo
hors-série n°5 • 132 p. • 12,90 €

☐ Guide d'achat matériel 2017
hors-série n°6 • 148 p. • 7,90 €

LIVRES

☐ Vendre ses photos
5e éd. • 528 p. • 33 €

☐ Le droit à l'image
2e éd. • 640 p. • 33 €

☐ La photo urbaine
226 p. • 25 €

COORDONNÉES

NOM ....

PRÉNOM ....

ADRESSE ....

VILLE ....

CODE POSTAL ...... PAYS ....

TÉL .... E-MAIL ....

BON DE COMMANDE

FRAIS D'ENVOI

FRANCE MÉTROPOLITAINE
1 exemplaire : 3,50 €
2 exemplaires : 4,50 €
3 exemplaires : 5,50 €
4 exemplaires : 6,50 €

au-delà : + 1 €/exemplaire

AUTRES DESTINATIONS
Passez commande sur notre boutique en ligne
www.competencephoto.com/boutique/

RÈGLEMENT

☐ Chèque bancaire ou postal à l'ordre de *KnowWare*

☐ Carte bancaire n° ⎣⎣⎣⎣ ⎣⎣⎣⎣ ⎣⎣⎣⎣ ⎣⎣⎣⎣

Date d'expiration ⎣⎣ ⎣⎣

Code à trois chiffres (au dos de la carte) ⎣⎣⎣

signature obligatoire

Renvoyez ce bon de commande avec votre règlement à :

KNOWWARE
70 rue Georges Villette F-77250 Écuelles

Tél. : (+33) (0)1 60 70 60 34
Fax : (+33) (0)1 60 70 60 35

NOUVELLE BOUTIQUE EN LIGNE
www.competencephoto.com/boutique/

N72